„*Des Teufels General*" in der Diskussion

Zur Rezeption von Carl Zuckmayers Theaterstück nach 1945

von

Katrin Weingran

Tectum Verlag
Marburg 2004

Weingran, Katrin:
„Des Teufels General" in der Diskussion.
Zur Rezeption von Carl Zuckmayers Theaterstück nach 1945.
/ von Katrin Weigran
- Marburg : Tectum Verlag, 2004
ISBN 978-3-8288-8599-8

© Tectum Verlag

Tectum Verlag
Marburg 2004

INHALTSVERZEICHNIS

I. Einleitung 5

II. Zuckmayers Rückkehr nach Deutschland –
Eine Darstellung seiner Beweggründe 9

III. Die Situation in Deutschland –
Besatzungsmachtpolitik und Wiedererwachen
des kulturellen Lebens 15

IV. Die Entstehung von „Des Teufels General"
und die Aufnahme der Züricher Uraufführung
in der Schweizer Presse 23
- IV.1 Zur Entstehungsgeschichte des Stückes 23
- IV.2 Heinz Hilperts Inszenierung von „Des Teufels
General" am Schauspielhaus Zürich 27
- IV.3 Die Züricher Uraufführung in der Schweizer Presse 29

V. Rezeption und öffentliche Diskussion von
„Des Teufels General" im (West-)Deutschland
der Nachkriegszeit 33
- V.1 Die deutsche Erstaufführung in Hamburg
im Spiegel der Kritik 33
- V.2 Zur Rezeption der Frankfurter Hilpert Inszenierung 40
- V.3 Die öffentliche Diskussion: Frankfurt 53
- V.4 Die öffentliche Diskussion: München 56
- V.5 Abschließend: Diskussion in Berlin 64

VI. Die Diskussion um den Rückzug des Stückes
1963 und seine Inszenierung durch Hilpert
in veränderter Fassung im Jahr 1967 67
- VI.1 Der Rückzug des Stückes 1963 67
- VI.2 Die Berliner Hilpert-Inszenierung im Jahr 1967 69

VII. Frank Castorfs Inszenierung von
„Des Teufels General" in der öffentlichen
Diskussion des Jahres 1996 73

VIII. Fazit	87
Literaturverzeichnis	93
Zeitungsartikel (alphabetisch)	101

I. Einleitung

Carl Zuckmayers Drama „Des Teufels General" ist seit seiner Uraufführung am 14.12.1946 am Schauspielhaus Zürich höchst umstritten. Vielerorts gilt es heute als „erfolgreiches Mitläufer-Drama, das den Deutschen zur Entsühnung diente"[1]. Es stellt sich die Frage, ob diese Einschätzung historisch richtig ist. Ziel dieser Arbeit ist es, anhand einer Analyse von Kritiken und Zeitungsartikeln aus der Zeit zwischen 1946 und 1949, die öffentliche Auseinandersetzung um das Stück in Deutschland während der Nachkriegszeit genauer zu untersuchen. Es soll ein differenziertes Bild der Debatte gezeichnet werden, um anschließend bewerten zu können, ob und wenn ja inwieweit das oben angesprochenen Urteil revidiert werden muß.

Die Analyse muß sich auf westdeutsche Inszenierungen beschränken, da das Aufführungsverbot in der sowjetischen Besatzungszone, im Gegenteil zu dem in den übrigen Besatzungszonen, 1947 nicht aufgehoben wurde.

Die öffentliche Diskussion um das Stück während der Nachkriegszeit wird unter zwei Gesichtspunkten betrachtet werden:

1. Die Auseinandersetzung der Kritiker untereinander, wie sie sich anhand der verschiedenen Zeitungsartikel nachvollziehen läßt.

2. Die öffentlichen Diskussionen zwischen Zuckmayer und dem Publikum, über welche die Presse Bericht erstattet.

---

[1] Clausen, Christine: Café Abgrund auf dem Mond. Frank Castorf inszeniert „Des Teufels General" – Carl Zuckmayers erfolgreiches Mitläufer-Drama, das den Deutschen zur Entsühnung diente. In: *Stern Magazin* Heft 43 (17.10.1996), S. 208/209.

Die Kritiker berichten über Stück und Inszenierung, wobei sie den Schwerpunkt auf die Umsetzung des Stückes auf der Bühne und damit auf dramaturgische Gesichtspunkte legen. In der öffentlichen Diskussion zwischen dem Autor und seinem Publikum dagegen spielen Fragen dramaturgischer Art kaum eine Rolle. Vielmehr drehen sich die Fragen der Zuschauer um die moralischen und politischen Aspekte des Stückes. Es werden Antworten verlangt, die bei der Bewältigung der Auseinandersetzung mit der eigenen Vergangenheit helfen und richtungsweisend für die Zukunft sein sollen.

Die vorliegende Untersuchung wird sich aus diesem Grund auch mit der Frage beschäftigen, ob es Zuckmayer gelingt, den bei seinen Zuschauern vorhandenen Klärungsbedarf zu befriedigen. Stück und Inszenierung werden von den Kritikern zueinander in Verbindung gesetzt. Man versucht, Zuckmayers Intentionen aus dem Stück heraus zu erschließen und beurteilt wiederum deren Umsetzung in den verschiedenen Inszenierungen. Zwischen Kritik an Zuckmayer und Kritik an den jeweiligen Inszenierungen kann klar unterschieden werden. Die Diskussionen zwischen dem Publikum und dem Autor stellen das Stück und die Frage nach den Intentionen Zuckmayers sogar eindeutig in den Vordergrund (s.o.).

Aus den genannten Gründen steht Zuckmayers Motivation, nach Deutschland zurückzukehren und seine Einstellung zum deutschen Volk zunächst im Mittelpunkt. Seine persönlichen Überzeugungen fließen nicht nur in das Stück ein, sondern prägen darüber hinaus entscheidend die Auseinandersetzung mit seinem Publikum. Auf die Entstehung von „Des Teufels General" und seine Uraufführung wird im Anschluß an diesen ersten Teil eingegangen werden. Mit der Züricher Inszenierung von Heinz Hilpert beginnt die öffentliche Auseinandersetzung um das Stück, sie steht deshalb zunächst im Zentrum des Interesses. Anhand zweier Kritiken soll kurz dargestellt werden, wie sich die Argumentation für und wider das Aufführen des Dramas schon zu diesem frühen Zeitpunkt entwickelt.

An die drei einführenden Kapitel schließt sich das fünfte Kapitel, der Hauptteil der Arbeit, an. Die Inszenierungen von Brandenburg (Hamburg), Hilpert (Frankfurt) und Buckwitz (München) in der Spielzeit 1947/48 stehen im Mittelpunkt der Untersuchung. Die Darstellung der öffentlichen Debatte muß jedoch unvollständig bleiben, solange nur auf die Bewertung der Aufführungen und der Reaktionen des Publikums durch die Kritiker eingegangen wird. Vollständig wird sie erst durch die Einbeziehung der sich den Aufführungen anschließenden Diskussionen zwischen Zuckmayer und den Zuschauern in Frankfurt, München und Berlin. Zuckmayers verstärkte Auseinandersetzung mit dem jüngeren Anteil seines Publikums wird dabei besonders zu beachten sein.

Zuckmayer betont während seiner Auftritte immer wieder, daß er das Stück für unbedenklich halte. Um diese Aussage in die Bewertung mit einbeziehen zu können, wird im Anschluß an das fünfte Kapitel der Rückzug des Stückes durch Zuckmayer im Jahr 1963 besprochen. Zuckmayer geht sogar soweit, eine Neufassung des Stückes zu schreiben. Dieser Aspekt wirft ein neues Licht auf seine ursprünglichen Äußerungen und muß daher in die Bewertung mit einfließen.

1996 jährt sich Carl Zuckmayers Geburtstag zum hundertsten Mal. Dadurch stoßen sein Leben und Werk auf neues Interesse. Sein Drama „Des Teufels General" wird von Frank Castorf an der Berliner Volksbühne inszeniert. Diese Inszenierung stößt auf große Resonanz. Es entwickelt sich eine breite öffentliche Diskussion wie sie seit der Nachkriegszeit um eine Inszenierung dieses Stückes nicht mehr eingesetzt hatte. Damit ergibt sich die Möglichkeit, die Diskussion der Nachkriegszeit mit einer fünfzig Jahre später stattfindenden zu vergleichen. Dies ist deshalb von besonderem Interesse, da mit der Inszenierung aus dem Jahre 1996 nicht nur das Stück als solches inszeniert wird, sondern gleichzeitig seine bzw. unsere 50-jährige Geschichte mit einfließt. Von unserer heutigen Position aus wird die Beurteilung der Diskussion um „Des Teufels General" in der Nachkriegszeit immer durch Erkenntnisse eines seit über fünfzig Jahre andauernden Lernprozesses geprägt sein. Im siebten Teil der Arbeit wird folglich Castorfs Inszenierung von „Des Teufels General" und ihre Bewertung durch die deutsche Presse im Mittelpunkt stehen. Ziel ist es, anhand einer Analyse der Diskussion aus dem Jahre 1996 die Frage zu beantworten, inwieweit Zuckmayers Stück für uns heute noch von Bedeutung sein kann. Eine differenzierte Beantwortung der Frage, ob sich die Hoffnungen und Befürchtungen, die das Stück in der Nachkriegszeit auslöste, aus heutiger Sicht bewahrheitet haben, ist nur vor diesem Hintergrund möglich.

Am Ende der Arbeit steht das Fazit, in dem nicht nur die Ergebnisse der Analyse zusammengefaßt werden sollen, sondern vielmehr der Schwerpunkt auf der Bewertung der zusammengetragenen Fakten liegen wird.

Die eingangs formulierte Frage, ob die Einschätzung, es handle sich bei „Des Teufels General" um ein „erfolgreiches Mitläufer-Drama, das den Deutschen zur Entsühnung diente"[2], historisch richtig ist, soll folglich im Fazit ihre Beantwortung finden.

---

[2] Clausen: Café Abgrund; a.a.O., S. 208.

II. Zuckmayers Rückkehr nach Deutschland – Eine Darstellung seiner Beweggründe

Als Carl Zuckmayer 1946 zum ersten Mal seit zehn Jahren deutschen Boden betritt, tut er dies im Auftrag der amerikanischen Regierung. Nachdem er und seine Frau Alice Herdan-Zuckmayer sich erfolgreich um die amerikanische Staatsbürgerschaft beworben und diese am 30.01.1946 erhalten haben, sucht Zuckmayer nach einer Möglichkeit, auf dem schnellsten Wege nach Deutschland zurückzukehren. Er selbst betont in seinen Erinnerungen, daß für ihn die amerikanische Staatsbürgerschaft jedoch nicht Mittel zum Zweck war.

> „Wir, meine Frau und ich, hatten in dieser Zeit die amerikanische Staatsbürgerschaft erworben, nicht aus praktischen Gründen, sondern weil wir uns dem Land, das uns so lange beherbergt hatte und zur zweiten Heimat geworden war, in Dankbarkeit verbunden fühlten."[3]

Nur mit Hilfe einflußreicher Freunde gelingt es Zuckmayer, einen Posten in der Deutschland-Sektion des Verteidigungsministeriums zu erhalten. Am 15.8.1946[4] tritt er seinen Dienst in New York an. Am 4.11.1946 schließlich erhält er den ersehnten Marschbefehl nach Deutschland mit dem Auftrag „die größeren Städte in der amerikanischen Besatzungszone Deutschlands und Österreichs zu besuchen – auch solche in den anderen Zonen – und einen ausführlichen Bericht über den Stand aller kulturellen Institutionen sowie Vorschläge für deren Verbesserung und zur Aktivierung des geistigen Lebens in den besetzten Ländern

---

[3] Zuckmayer, Carl: Als wär's ein Stück von mir. Frankfurt a. M. 1969, S.630.
[4] Vgl. Ott, Ulrich/Pfäfflin, Friedrich (Hrsg.): Carl Zuckmayer 1896-1977. „Ich wollte nur Theater machen". Marbach am Neckar 1996 (Marbacher Katalog 49), S. 314.

zu machen."[5]. Zuckmayer äußert sich in seiner Autobiographie über die Erleichterung, die er verspürte, als er seinen Auftrag vernahm.

> „Es war ein guter Auftrag, er belastete mich nicht mit Diskriminierung oder Verboten, er hatte nichts mit politischer Bevormundung und Investigation zu tun, nur mit dem Versuch des Brückenschlags zwischen Deutschland und der Welt..."[6].

Für diesen Brückenschlag, ein Ausstrecken der Hand in Richtung des deutschen Volkes, hatte sich Zuckmayer schon während des Krieges eingesetzt. Seiner Meinung nach muß zwischen einem Volk und seinem jeweiligen Regime unterschieden werden. Dies macht er in drei wesentlichen Veröffentlichungen im amerikanischen Exil deutlich. 1938 hatte er die öffentliche politische Auseinandersetzung noch gescheut und mit folgenden Worten Cäsar von Arx gegenüber abgelehnt:

> „Ich verstehe sehr gut, dass Sie nach aussen hin zurückhaltend sein müssen, es geht mir ähnlich, da meine Eltern, die jetzt nur zu einem kurzen Besuch hier sind, wieder zurück müssen und dort leben. Uebrigens hätte ich auch gar keine Lust zu öffentlichen Akklamationen und wirkungslosen Protesten oder literarischen Aufschreien, und lasse mich auch von denen, die das vielleicht für mangelnden Mut halten, nicht dazu treiben. Es gehört vielleicht mehr Mut zum Schweigen in dieser Zeit als zum Kampfgeschrei außerhalb der Grenzen..."[7].

Zuckmayer glaubt nicht daran, vom Ausland aus Einfluß auf die deutsche Politik nehmen zu können. Vielmehr ist er der Ansicht,

---

[5] Zuckmayer: Als wär's ein Stück von mir; a.a.O., S. 634.
[6] Zuckmayer: Als wär's ein Stück von mir; a.a.O., S. 634.
[7] Carl Zuckmayer Gesellschaft (Hrsg.): „No Return". Carl Zuckmayers Exil. Aspekte einer neuen Biographie des deutschen Erfolgsdramatikers. Ein biographischer Essay von Richard Albrecht. Mainz 1995 (=Heft 1\2, Blätter der Carl-Zuckmayer-Gesellschaft), S. 16.

dies gefährde nur die Menschen, die ihm wichtig sind. Anlaß dafür, daß er dennoch beschließt sein Schweigen zu brechen, ist der Freitod seines Freundes Stefan Zweig. Im Februar 1942 stellt Zuckmayer in seinem „Aufruf zum Leben"[8] die Frage nach dem Sinn des Weiterlebens. Er begründet ihn im Widerstand gegen Hitler.

> „jedes einzelne Leben, das trotz und gegen die Vernichtung sich erhält und seiner Losung treu bleibt, ist eine Macht, eine Festung, an der sich der feindliche Ansturm brechen muß. Solange noch einer lebt, wenn auch in äußerster Bedrängnis, der anderes denkt, fühlt, glaubt und will als der Bedränger, hat Hitler nicht gesiegt."[9]

Zuckmayer ruft dazu auf:

> „Lebt: aus Trotz – wenn alle andern Kräfte Euch versagen und selbst die Freude lahm wird - lebt: aus Wut! Keiner von uns darf sterben, solange Hitler lebt! [...] Kämpft indem ihr nicht aufgebt zu leben. Mitzutragen. Wir haben mitzutragen und mitzubüßen, alle Schwächen und Fehler, die um uns, vor uns, durch uns und ohne uns geschehen sind."[10].

Schon hier zeichnet sich ab, was Zuckmayer im Jahre 1944 zu Ehren seines Freundes Carlo Mierendorff sehr viel deutlicher aussprechen wird: Er glaubt an eine Mitschuld derer, denen es nicht möglich war, die Machtergreifung Hitlers zu verhindern und bezieht sich in diesen Kreis mit ein. Gleichzeitig ergibt sich für ihn die Konsequenz, nicht den Stab über das deutsche Volk zu brechen.

> „Deutschland ist schuldig geworden vor der Welt. Wir aber, die wir es nicht verhindern konnten, gehören in diesem großen Weltpro-

---

[8] Zuckmayer, Carl: Aufruf zum Leben. Porträts und Zeugnisse aus bewegten Zeiten. Frankfurt a. M. 1976, S. 11-14.
[9] Ebd., S. 12.
[10] Zuckmayer: Aufruf zum Leben; a.a.O., S. 13.

zeß nicht unter seine Richter. Zu seinen Anwälten wird man uns nicht zulassen. So ist denn unser Platz auf der Zeugenbank, auf der wir Seite an Seite mit unseren Toten sitzen – und bei aller Unversöhnlichkeit gegen seine Peiniger und Henker werden wir Wort und Stimme immer für das deutsche Volk erheben."[11]

Dieser Ansicht können sich nicht alle Emigranten im amerikanischen Exil anschließen. So gehört unter anderen Erika Mann zu denjenigen, welche die These einer Kollektivschuld des deutschen Volkes vertreten. In ihrem Artikel „Eine Ablehnung"[12] beschreibt sie den Glauben an „ein anderes Deutschland"[13] als „Wunschtraum"[14]. Der Begriff des ‚anderen' Deutschland bezieht sich auf die Existenz eines Deutschlands des Widerstandes innerhalb der Realität des dritten Reiches. Widerstand wird in diesem Zusammenhang von den Ablehnern der Kollektivschuldthese in seiner ganzen Bandbreite verstanden; von einer Haltung innerer Ablehnung gegenüber den Nationalsozialisten bis hin zu offenem Widerstand, wie er sich zum Beispiel im Attentat vom 20. Juli äußerte.

Die Anhänger der Kollektivschuldthese halten dagegen den Anteil derjenigen, die Hitler Widerstand leisteten, für verschwindend gering; es habe innerhalb des Volkes nur einzelne Personen gegeben, die aufbegehrten. Deshalb ziehen sie den Schluß, eine Kollektivschuld des gesamten deutschen Volkes anzunehmen.

---

[11] Ebd., S. 59.
[12] Vgl. Ott/Pfäfflin: Marbacher Katalog 49; a.a.O., S. 298.
[13] Ebd., S. 298.
[14] Ebd., S. 298.

Zuckmayer reagiert in einem „Offenen Brief an Erika Mann". Er spricht sich gegen „eine[ ] generelle[ ] Diskriminierung des Deutschen Volkes"[15] aus.

> „Völker sind aus Menschen zusammengesetzt, und Menschen sind Geschöpfe, die beide Wesenspole, den des Guten, den des Bösen, in sich tragen. Eine prinzipielle Einteilung in ‚gute' und ‚böse' Völker, oder auch in die ‚Guten' und die ‚Bösen' innerhalb der Völker, ist sinnlos"[16].

Als er sich wieder in Deutschland befindet, beteiligt sich Zuckmayer weiterhin aktiv an der Auseinandersetzung mit der Kollektivschuldfrage. Nicht zuletzt deshalb, weil sein Stück „Des Teufels General" viele Fragen aufwirft und die Diskussion innerhalb der deutschen Bevölkerung fördert.

Zuckmayer ist durch die Tatsache, daß seine Eltern den Krieg überlebt haben, entscheidend in seiner Haltung geprägt worden. Er berichtet, es als Glück empfunden zu haben, „[n]*icht hassen zu müssen. Ich weiß nicht, was ich empfunden hätte, wäre mir die Mutter ermordet worden, wäre mein Vater [...] in Kummer und Not zugrunde gegangen.*"[17] Obwohl seine Eltern den Krieg überlebt haben, ist für Zuckmayer die Rückkehr nach Deutschland keine Heimkehr. Rückblickend erklärt er in seiner Autobiographie:

> „Die Fahrt ins Exil ist ‚the journey of no return'. Wer sie antritt und von der Heimkehr träumt, ist verloren. Er mag wiederkehren – aber der Ort, den er dann findet, ist nicht mehr der gleiche, den er

---

[15] Ott/Pfäfflin: Marbacher Katalog 49; a.a.O., S. 299.
[16] Ebd., S. 299.
[17] Zuckmayer: Als wärs ein Stück von mir; a.a.O., S. 645.

verlassen hat und er selbst ist nicht mehr der gleiche, der gegangen ist."[18]

---

[18] Ebd., S. 539.

III. Die Situation in Deutschland – Besatzungsmachtpolitik und Wiedererwachen des kulturellen Lebens

Schon rein äußerlich existiert Deutschland im Jahr 1946 so wie Zuckmayer es gekannt hatte nicht mehr. Die Folgen der Kriegszerstörung sind immens. 131 Großstädte sind durch Großangriffe zerstört, was einer Vernichtung von einem Viertel des Wohnraumes gleichkommt. Die Lage wird durch die Ströme von Flüchtlingen und Vertriebenen aus den ehemaligen ostdeutschen Gebieten noch verschärft. „Zerstörte Städte und Lagerexistenz w[e]rden zum Nährboden einer neuen [...] Form sozialer Verwahrlosung: der Ruinenkriminalität."[19] Insbesondere die Jugendkriminalität steigt 1946 gegenüber 1938 um 850 Prozent. Bis zur Währungsreform 1948/49 betreffen die Hauptsorgen der Bevölkerung Ernährung und Kleidung. „Innerhalb Europas lag Deutschland am Ende der Kalorienskala."[20] „Alarmierend stiegen aufgrund der sozialen Notlage auch die Fälle von ansteckenden Krankheiten."[21] Faßt man all diese Faktoren zusammen, so bietet sich für den Großteil der Bevölkerung ein Bild des alltäglichen Kampfes um das Überleben dar. Auch aus diesem Grund waren die Voraussetzungen für eine erfolgreiche Umsetzung der Umerziehungspolitik der Alliierten denkbar schlecht. Meinungsumfragen zeigen, daß in den Jahren 1945-1948 „die Zahl derer, die den Nationalsozialismus für eine schlechte Idee hielten, von 41 auf 30 Prozent sank"[22], wohingegen die Zahl der Menschen,

---

[19] Kleßmann, Christoph: Die doppelte Staatsgründung. Deutsche Geschichte 1945-1955. Bonn 1991, S. 53.
[20] Ebd., S. 47.
[21] Ebd., S. 51.
[22] Ebd., S. 91.

„die den Nationalsozialismus für eine gute Idee hielten, die nur schlecht ausgeführt worden sei [...] bis auf 55 Prozent"[23] stieg.

Das Interesse der USA an Informationen über das geistige und kulturelle Leben in Deutschland und damit Zuckmayers Marschbefehl, läßt sich auf die mit Großbritannien und der UdSSR beschlossenen gemeinsamen Richtlinien der Besatzungsmachtpolitik zurückführen. Schon während des Krieges hatten sich die „Großen Drei" auf der Konferenz von Jalta in Ansätzen über diese geeinigt.

Auf der Potsdamer Konferenz vom 17.07.-02.08.1945 setzten sich Amerika, Großbritannien und die Sowjetunion mit den „nach der Kapitulation aufgetauchten politischen, wirtschaftlichen und territorialen Problemen"[24] in Deutschland auseinander. Dabei übernahmen sie die folgenden im Februar 1945 auf Jalta festgelegten Beschlüsse[25]:

1. Es wurden vier Besatzungszonen festgelegt und damit auch Frankreich eine Zone zugesprochen.
2. Der Alliierten Kontrollrat in Berlin wurde als oberste gesamtalliierte Verwaltungsinstanz beschlossen.
3. Nationalsozialismus und Militarismus sollten ausgeschaltet werden und dabei gleichzeitig die totale Entwaffnung und Entnazifizierung durchgeführt werden.
4. Die Deutschen sollen Reparationen im Umfang der von ihnen verursachten Schäden leisten.

---

[23] Ebd., S. 91.
[24] Kleßmann: Zwei Staaten eine Nation; a.a.O., S. 31.
[25] Vgl. ebd., S. 29-30.

Die unter Punkt drei aufgeführten Ziele wurde von den Alliierten auf der Potsdamer Konferenz zu den berühmten vier „D's" ausgearbeitet:

Demilitarisierung, Denazifizierung, Dekartellisierung und Demokratisierung.

„Die vier D's als inhaltliche Umschreibung des Entnazifizierungskonzepts gehörten seit den Kriegskonferenzen zum Kernbestand gemeinsamer Zielsetzungen der Alliierten."[26] Die Entnazifizierungspolitik der Alliierten differierte jedoch in den verschiedenen Zonen. Allein der Nürnberger Hauptkriegsverbrecherprozeß steht für den gemeinsamen Teil der Entnazifizierung.[27] Dies manifestiert sich in der Schaffung eines Internationalen Gerichtshofes bestehend aus je einem Repräsentanten und einem Stellvertreter der Siegermächte.

„Mit dem juristischen Prozeß verband sich die politische Absicht der Aufklärung über die Verbrechen des Nationalsozialismus, der Umerziehung und der Friedenssicherung für die Zukunft."[28]

Bei der Entnazifizierung der breiten Masse stand für die Westalliierten die personelle Säuberung im Vordergrund. Ein von den Amerikanern verteilter Fragebogen mit insgesamt einhundertzweiunddreißig Rubriken sollte dabei helfen, die Menschen in der von ihnen besetzten Zone in verschiedene „Belastungskategorien" einzuteilen und entsprechend mit ihnen zu verfahren.

„Aufgrund der widersprüchlichen besatzungspolitischen Zielsetzungen der USA und des Widerwillens deutscher Instanzen geriet die

---

[26] Ebd., S. 78.
[27] Vgl. Kleßmann: Zwei Staaten eine Nation; a.a.O., S. 78.
[28] Ebd., S. 80.

Durchführung dieses Gesetzes immer mehr ins Gegenteil von Entnazifizierung."[29]

Es hatte den Effekt, daß „Säuberung und Rehabilitierung [miteinander] verschmolzen, bis schließlich die Rehabilitierung die Säuberung völlig überholte."[30] Das Bild vom Reinwaschen etablierte sich, um diesen Prozeß zu beschreiben. So nannte man „eidesstattliche Erklärungen über die politische Harmlosigkeit der Betroffenen"[31] Persilscheine. Ein wichtiger Teil der Entnazifizierungspolitik war vor allem in der amerikanischen Zone das Programm der Reeducation, beziehungsweise der Umerziehung. Man sah sich durch das Beispiel des Nationalsozialismus darin bestätigt, daß vor allem junge Menschen für Ideologien anfällig seien. Deshalb koppelte man an eine neue Bildungspolitik die Hoffnung, einen entsprechenden Erfolg bei der Erziehung junger Menschen zur Demokratie zur erzielen.[32] „Reeducation sollte sich nicht nur auf die inhaltlichen Bereiche, sondern auch auf die Vermittlungsmethoden und die Organisationsformen des gesamten Bildungswesens erstrecken."[33]

(Die Briten verhielten sich zurückhaltender und sprachen statt von Reeducation lieber von Reorientation, Neuorientierung.)

Zuckmayer stellt sich hinter die Bildungspolitik der Amerikaner. Zum einen verfaßt er einen Artikel mit dem Titel „Amerika ist anders"[34], in dem er auf die Sozialisierung der Amerikaner eingeht und diese gegenüber Vorurteilen verteidigt und zum ande-

---

[29] Ebd., S. 89.
[30] Ebd., S. 89.
[31] Ebd., S. 90.
[32] Vgl. ebd., S. 92f..
[33] Kleßmann: Zwei Staaten eine Nation; a.a.O., S. 94.
[34] Zuckmayer, Carl: Amerika ist anders. In: *Die Neue Zeitung* 15 (05.02.1949).

ren setzt er sich dafür ein, neues Vertrauen in die Jugend zu setzen. In seinem Artikel für die Mainzer Studentenzeitung „Nobis"[35] aus dem Jahr 1948 spricht er über die Trennung innerhalb Deutschlands, die nicht nur eine geographische sei, sondern sich auch „auf seelischem, geistigen und moralischen Gebiet"[36] vollziehe. Ein großer Teil der Menschen gehöre zu den „rückwärts Gewandten, die das Verlorene beklagen, die Schuld für den Verlust immer anderen zuschieben"[37]. Es existierten jedoch ebenso Menschen, „die in sich selbst und in ihrem Lebensumkreis ernstlich und ehrlich um eine wahre, eine geistige und sittliche Erneuerung Deutschlands ringen"[38]. Diesen Menschen müsse Vertrauen geschenkt werden. Zuckmayer bezieht sich insbesondere auf die Jugend wenn er sagt: „Nur der, dem man Vertrauen schenkt, kann sich bewähren."[39]. Auf Zuckmayers Engagement für die deutsche Jugend wird an späterer Stelle noch genauer einzugehen sein.

Die Unterstützung des Wiedererwachens des kulturellen Lebens in Deutschland spielt für die Alliierten im Rahmen der Reeducation durchaus eine große Rolle.

Nachdem Joseph Goebbels im September 1944 die Theater hatte schließen lassen, dauert es bis zum September 1945, bis das Theaterleben in Deutschland wieder erwacht[40]. Dann allerdings setzt ein regelrechter Theaterboom ein. In der Spielzeit 1946/47

---

[35] Zuckmayer, Carl: Germania est omnis divisa. In: *Nobis*, Mainzer Studenten Zeitung 102 (1961).
[36] Ebd..
[37] Zuckmayer: Germania est omnis divisa; a.a.O..
[38] Ebd..
[39] Ebd..
[40] Vgl. Ott/Pfäfflin: Marbacher Katalog 49; a.a.O., S. 331.

werden von den USA vierhundert Theaterlizenzen allein in Berlin vergeben. Berlin kommt jedoch eine Sonderrolle innerhalb Deutschlands zu, da hier die vier Besatzungsmächte auch kulturell um die Vormachtsstellung kämpfen. Im übrigen Deutschland beginnt der Theaterbetrieb etwas langsamer. Da viele Spielstätten zerstört sind, muß man größtenteils in Ausweichquartieren inszenieren[41]. Die Amerikaner sind darauf bedacht, vor allem Klassiker aufgeführt zu wissen, die zu Humanität und Toleranz aufrufen. Lessings „Nathan der Weise" etwa gehört zu den favorisierten Stücken[42].

„Es galt menschliche Erlebnismöglichkeiten nachzuholen, man wollte in karger Zeit geistiges Vergnügen bereiten und glaubte an die Schaubühne als moralische und politische Umerziehungsanstalt."[43]

Zu betonen ist außerdem die Bedeutung des Züricher Schauspielhauses für die schnelle Entwicklung des deutschen Theaterlebens nach 1945. Seit 1933 hatte man sich dort der Aufgabe verpflichtet gefühlt, „eine Bastion des freien Geistes"[44] zu schaffen, so daß „eine deutschsprachige Bühne von höchstem Niveau existierte, die [...] dem Einfluß des Nationalsozialismus entzogen gewesen war."[45] Von Zürich aus greift man nun den Theaterschaffenden in Deutschland unter die Arme. Wolfgang Langhoff organisiert eine „Hilfsaktion für Deutschland"[46]. Neben der mate-

---

[41] So fand die Frankfurter Inszenierung von „Des Teufels General" in der Frankfurter Börse statt.
[42] Vgl. Ott/Pfäfflin: Marbacher Katalog 49; a.a.O., S. 331.
[43] Glaser, Hermann: Kleine Kulturgeschichte der Bundesrepublik Deutschland 1945-1989. Bonn 1991, S. 104.
[44] Ebd., S. 109.
[45] Ebd., S. 109.
[46] Glaser: Kleine Kulturgeschichte; a.a.O., S. 110.

riellen Hilfe ist die Unterstützung in künstlerischer Hinsicht von großer Bedeutung.

„Die Autoren und Werke, die das Züricher Schauspielhaus, meist in deutschsprachigen Erstaufführungen, vor und nach 1945 vermittelte, fanden verhältnismäßig schnell ihren Weg ins zerstörte Deutschland."[47]

Dies trifft auch auf Zuckmayers Werke zu. Nachdem er 1938 aus Österreich in die Schweiz geflohen war, wurde sein „Bellman" am 17. November 1938 in Zürich uraufgeführt. Auch sein Stück „Des Teufels General" gelangt am Züricher Schauspielhaus zur Uraufführung, während es in Deutschland noch mit einem Aufführungsverbot belegt ist. Regisseur ist nach den Inszenierungen von „Pankratz erwacht" und des „Der Hauptmann von Köpenick" in vergangenen Berliner Zeiten erneut Heinz Hilpert, mit dem Zuckmayer schon von Amerika aus Kontakt aufgenommen hatte. Gemeinsame Überlegungen, eine Wanderbühne zu gründen, lassen sich nicht verwirklichen, aber Zuckmayer gelingt es, Hilpert sein Stück „Des Teufels General" zukommen zu lassen. Hilpert hält sich zu dieser Zeit in Zürich bei seiner Lebensgefährtin auf, die nach der Machtergreifung durch die Nationalsozialisten in die Schweiz geflohen war[48]. Zur Uraufführung des Stückes treffen sich Hilpert und Zuckmayer schließlich in Zürich wieder.

---

[47] Glaser: Kleine Kulturgeschichte; a.a.O., S. 111.
[48] Vgl. Granger, William: Partnership in the German theatre. Zuckmayer and Hilpert, 1925-1961. New York 1991, S. 41.

IV. Die Entstehung von „Des Teufels General" und die Aufnahme der Züricher Uraufführung in der Schweizer Presse

IV.1 Zur Entstehungsgeschichte des Stückes

> „Ich stieß mit dem Fuß an einen lockeren Stein und unter dem Stein sprang, mit einem gurgelnden Laut, der fast einem Anruf glich, eine Quelle hervor. [...] In diesem Augenblick wußte ich, daß ich erlöst war. Bald danach begann ich wieder zu schreiben."[49]

Zuckmayers Beschreibung seiner wiedergefundenen Kreativität mutet mystisch verklärt an. Es muß jedoch festgehalten werden, daß er erst durch das Farmerleben in Vermont zum Schreiben zurückfand.

1939 hatte er einen gut bezahlten Job in Hollywood angenommen, um als Drehbuchautor zu arbeiten. Zuckmayer erfüllte nur einige Monate die Bedingungen des siebenjährigen Vertrages. Er quälte sich damit, Pointen und Romanzen im Fließbandstil abliefern zu müssen. Er selbst sagt dazu:

> „Man hatte in diesen Verträgen eine Klausel zu unterschreiben, die lautete: ‚Ich erkläre und bestätige, daß der Begriff des sogenannten geistigen Eigentums innerhalb dieser Vertragsbindung nicht existiert."[50]

Zuckmayer kündigt und geht im neuen Jahr, 1940, mit seiner Frau nach New York, wo er Arbeit „an dem von Erwin Piscator

---

[49] Zuckmayer: Als wär's ein Stück von mir; a.a.O., S. 622.
[50] Zuckmayer: Als wär's ein Stück von mir; a.a.O., S. 565.

geleiteten Dramatic Workshop der > >Universität im Exil< <"[51] erhält. Abgesehen davon, daß der Job schlecht bezahlt ist, fühlt er sich nicht in der Lage, den Studenten ein Rezept in die Hand zu geben, wie man eine erfolgreiche Komödie zu schreiben habe. Er nennt diese Arbeit „eine Riesenplage"[52]. Die Zuckmayers entschließen sich dazu, New York zu verlassen und in die Landwirtschaft einzusteigen, da Zuckmayer sich nicht als unabhängiger deutscher Autor etablieren kann. Im Sommer 1941 ist das Zuhause für die kommenden Jahre gefunden: die Blackwoods Farm in Vermont. Das Leben von und mit der Natur und die körperlich harte Arbeit sind für Zuckmayer in den nächsten Monaten eine Art Therapie.

> „Ich konnte darüber nichts vergessen, aber ich konnte, was mir in der Stadt unmöglich gewesen wäre, durch das tätige Leben, durch die lebendige Berührung mit der Natur, die Wolken der Verzweiflung zerstreuen, den Tiefdruck der Seele überwinden."[53]

Als Zuckmayer im Dezember 1941 vom Tod eines alten Bekannten aus Berliner Zeiten erfährt, regt ihn das an, wieder mit dem Schreiben zu beginnen. Die Notiz, die er in der Zeitung liest, berichtet davon „Ernst Udet, Generalluftzeugmeister der deutschen Armee, sei beim Ausprobieren einer neuen Waffe tödlich verunglückt und mit Staatsbegräbnis beerdigt worden."[54]

Zuckmayer hatte Udet während des ersten Weltkrieges kennengelernt, als beide in der Champagne stationiert gewesen waren. Sie hielten Kontakt, bis Zuckmayer mit seiner Familie über die

---

[51] Becker, Jochen: Zuckmayer im Exil. In: Keim, Anton Maria (Hrsg.): *Exil und Rückkehr. Emigration und Heimkehr. Ludwig Berger, Rudolf Frank, Anna Seghers und Carl Zuckmayer.* Mainz 1986, S. 148.
[52] Zuckmayer: Als wär's ein Stück von mir; a.a.O., S. 577.
[53] Zuckmayer: Als wär's ein Stück von mir; a.a.O., S. 604.
[54] Ebd., S. 622.

Schweiz nach Amerika emigrierte. Udet „begann als Pilot bei den Artilleriebeobachtern, [wo er Zuckmayer begegnete,] erhielt das eiserne Kreuz und landete schließlich beim legendären Richthofen-Geschwader des ‚Roten Baron'."⁵⁵ Nach dem Krieg verdingte sich Udet eine Weile mit Schaufliegen, bevor er als Pilot bei einer Fluggesellschaft eingesetzt wurde.

Udet begann seine Karriere bei der Luftwaffe 1934 und wurde 1937 Leiter ihres technischen Amtes. Er sah sich in erster Linie als Konstrukteur und „setzte [...] durch, daß ein Kampfflugzeug nach seinen Vorstellungen gebaut wurde. [...] Dieses Flugzeug, man nannte es ‚Stuka', hatte seinen Anteil an den Blitzsiegen von 1939 und 1940."⁵⁶ Während des Luftkampfes gegen England jedoch zeigte sich eine immer größer werdende Diskrepanz zwischen „Neuproduktion und Verlusten"⁵⁷.

„Deutschland produzierte monatlich 375 Jagdflugzeuge. Als Albert Speer für Udets Ressort zuständig wurde, brachte er es [...] auf viertausend im gleichen Zeitraum."⁵⁸ Am 17. November 1941 beging Udet Selbstmord, nachdem herausgekommen war, daß er „Zahlen [...] gefälscht und Unterlagen frisiert"⁵⁹ hatte.

Zuckmayer hat immer wieder betont, daß er kein Dokumentarstück geschrieben habe und Udet nicht mit Harras identisch sei. „Was in Wirklichkeit vorgegangen war, wußte ich nicht, und es kümmerte mich nicht."⁶⁰ Es ist ihm jedoch durchaus bewußt,

---

⁵⁵ Wagner, Kalrheinz: Des Dichters General. In: *Frankfurter Allgemeine Zeitung*, 292 (14.12.1996).
⁵⁶ Ebd..
⁵⁷ Ebd..
⁵⁸ Ebd..
⁵⁹ Ebd..
⁶⁰ Zuckmayer: Als wär's ein Stück von mir; a.a.O., S.623.

daß die Zeitungsnotiz sehr wahrscheinlich nicht die Wahrheit widerspiegelt. Das Wort „Staatsbegräbnis" (s.o.), eröffnet vielmehr die Perspektive, daß Udets Tod zu Propagandazwecken mißbraucht wurde. Genau dieser Aspekt steht Zuckmayer für sein Stück bereits vor Augen, als er die Notiz liest. Für ihn steht fest, daß sein Stück mit dem Wort Staatsbegräbnis enden wird[61]. Im Winter 1942 beginnt Zuckmayer mit dem Schreiben an seinem neuen Stück. Bis Januar 1943 entstehen der erste Akt und ein Entwurf des gesamten Stückes. Die nächsten zwei Jahre benötigt Zuckmayer, um das Stück zu vollenden.

Auch wenn Zuckmayer immer wieder betont hat, Udet sei nicht mit Harras identisch, wurde er dennoch eindeutig durch die Gestalt Udets und dessen Tod inspiriert. Bei seinem letzten Zusammentreffen mit Udet im Jahre 1936, Zuckmayer hielt sich heimlich in Deutschland auf, fand der Dialog statt, der für das Verständnis der Figur des Harras von elementarer Bedeutung ist und der den Aufbau des gesamten Stückes bestimmt.

> „‚Schüttle den Staub dieses Landes von deinen Schuhen geh in die Welt und komm nie wieder. Hier gibt es keine Menschenwürde mehr.' ‚Und du?' ‚Ich' sagte er leichthin, faßt beiläufig, ‚bin der Luftfahrt verfallen. Ich kann da nicht mehr raus. Aber eines Tages wird uns alle der Teufel holen.'"[62]

Entsprechend läßt Zuckmayer Harras sich gegenüber Oderbruch äußern, als dieser ihm nahelegt, in die Schweiz zu fliehen und Hitler von dort aus zu bekämpfen. „Zu spät mein Freund. Für so was bin ich nicht mehr gut. Wer auf Erden des Teufels General wurde und ihm die Bahn gebombt hat – der muß ihm auch

---

[61] Vgl. Zuckmayer: Als wär's ein Stück von mir; a.a.O., S. 623.
[62] Zuckmayer: Als wär's ein Stück von mir; a.a.O., S. 622.

Quartier in der Hölle machen."[63] Zuckmayer ist davon überzeugt, ein Stück „für die Schublade [zu] schreibe[n]"[64]. Er befürchtet es werde abgelehnt werden, da es darin „zu viele sympathische Deutsche"[65] gebe. Diese Einschätzung stellt sich zunächst als richtig heraus. In Deutschland verbieten die Besatzungsmächte zunächst die Aufführung des Stücks, weil sie befürchten, es könne das Entstehen einer neuen Dolchstoßlegende fördern. So schickt Zuckmayer eine Kopie des Textes zu Heinz Hilpert nach Zürich, wo „Des Teufels General" am 14.12.1946 uraufgeführt wird. Erst ein Jahr später wird das Stück auch in den drei westlichen Besatzungszonen freigegeben.

IV.2 Heinz Hilperts Inszenierung von „Des Teufels General" am Schauspielhaus Zürich

Mit Heinz Hilpert, dem Regisseur der Züricher Inszenierung, verbindet Zuckmayer eine fast lebenslange Freundschaft. Sie lernen sich in Berlin kennen, als Hilpert Zuckmayers Stück „Pankratz erwacht" inszeniert. Diese erste Zusammenarbeit ist noch nicht von Erfolg gekrönt, doch ihre nächste „Der Hauptmann von Köpenick" bringt einen größeren Erfolg als Zuckmayers Durchbruch „Der fröhliche Weinberg". Für Zuckmayer ist Hilpert der ideale Regisseur. Schon bei der Köpenick Inszenierung setzte Zuckmayer auf Hilperts Urteilsvermögen, was die nötigen Streichungen betraf. Erst durch Hilperts Bearbeitung erlangte das Stück das nötige Tempo. Auch die Bearbeitung des General Textes legt Zuckmayer in Hilperts Hände, bis dieser das

---

[63] Zuckmayer, Carl: Des Teufels General. Theaterstücke 1947-1949. Frankfurt a. M. 1996, S. 157.
[64] Ebd., S. 623.
[65] Ebd., S. 624.

Stück von einer Laufzeit von über fünf Stunden auf zwei Drittel der ursprünglichen Länge gekürzt hat[66]. „He was confident, that Hilpert would be able to stage the plays in such a way as to effect a construction and tautness which he, as playwright, was not able to endow."[67] Hilpert schließt sich für seine Inszenierung Zuckmayer an, der es ablehnt, in dem Stück die Realität wiedergespiegelt zu sehen. Hilpert nennt das Stück einen „modernen Mythos"[68], in dem gezeigt wird wie „Gehorsam und Pflichtbewußtsein, Tugenden, einem Menschen unter normalen Umständen wohl anstehen, [...] – wenn er sie einem falschen und verbrecherischen Herrn darbringt, zu teuflischen Kräften [werden]."[69]

Hilpert streicht beziehungsweise kürzt alle Szenen, die nicht direkt mit Harras Bemühungen, die Wahrheit zu finden, in Zusammenhang stehen[70]. Der Dialog zwischen Harras und Diddo im zweiten Akt enthält in der Züricher Fassung zum Beispiel zweiundfünfzig Zeilen weniger als in der Originalfassung.

Harras wird von Hilpert als klassischer tragischer Held betrachtet, der im Verlauf des Dramas sein eigenes Verschulden erkennt und es sühnt. Ihm wird der Kulturleiter Schmitz-Lausitz als An-

---

[66] Vgl. Granger: Partnership in the German theatre; a.a.O., S. 121.
[67] Granger: Partnership in the German theatre; a.a.O., S. 41/42.
 „Er vertrauter darauf, daß Hilpert in der Lage sein würde, das Stück in einer straff konstruierten Weise auf die Bühne zu bringen, die er als Dichter nicht in der Lage war zu erreichen." (Übersetzung d. Verf.)
[68] Hilpert, Heinz: Einige Gedanken zu Zuckmayers >Des Teufels General<. In: Glauert, Barbara (Hrsg.): *Carl Zuckmayer. Das Bühnenwerk im Spiegel der Kritik*. Frankfurt a. M. 1977, S. 237.
[69] Ebd., S. 237.
[70] Vgl. Granger: Partnership in the German Theatre; a.a.O., S. 212.

tagonist gegenübergestellt. Hilperts Interpretation des Dramas als Tragödie wird von der Kritik als überzeugend akzeptiert.

> „In der Katastrophe Deutschlands [...] offenbart sich dem Dramatiker Zuckmayer die ewigmenschliche, metaphysische Realität von tragischer Schuld und Sühne, die er mit jeremianischer Eindringlichkeit und Wahrhaftigkeit zum Wort an unsere und hoffentlich auch an kommende Generationen werden läßt."[71]

Das Bühnenbild wird von Caspar Neher betont schlicht gehalten. Auch bei der Beleuchtung verzichtet man auf spektakuläre Effekte[72]. In den Mittelpunkt der Inszenierung rückt so die schauspielerische Leistung. Figuren wie Dr. Schmitz-Lausitz und Pützchen, die in Inszenierungen der folgenden Jahre oft als karikiert und unglaubwürdig kritisiert werden, überzeugen in der Züricher Inszenierung.

IV.3 Die Züricher Uraufführung in der Schweizer Presse

Am 16.12.1946 wird „Des Teufels General" am Züricher Schauspielhaus uraufgeführt. Die Inszenierung löst in der Schweizer Presse eine konträre Diskussion aus. Die Argumente der Opponenten nehmen zum Teil diejenigen der innerdeutschen Diskussion vorweg.

Die Kritik vom 10.01.1947 in der Zeitschrift „Sie und Er"[73] spricht schon im Titel von „Eine[r] bedeutsame[n] Uraufführung"[74]. Das Stück wird durchweg positiv besprochen und als

---

[71] P.B.: Eine bedeutsame Uraufführung. >Des Teufels General< von Carl Zuckmayer. Sie&Er, 10.01.1947. In: Glauert, Barbara (Hrsg.): *Carl Zuckmayer. Das Bühnenwerk im Spiegel der Kritik*. Frankfurt a. 1977, S. 219.

[72] Vgl. Granger: Partnership in the German Theatre; a.a.O., S. 120.

[73] P.B.: Eine bedeutsame Uraufführung; a.a.O., S.215.

[74] Ebd., S. 215.

„atemberaubend-subtil und doch radikal durchgeführte Abrechnung mit dem Nazitum und seinen Führern"[75] gesehen. Die Argumentation greift den mythischen Ansatz des Stückes auf und bezeichnet den Nationalsozialismus als „dämonisches Geschehen"[76]. Harras wird als Mensch dargestellt, der seinen Beruf mit Leib und Seele ausübt und dessen tragische Rolle darin begründet liegt, daß sein Beruf der Krieg ist. Gleichzeitig wird auf die Distanz hingewiesen, die die Schweizer zu den Geschehnissen in Deutschland gehabt hätten. Das Stück „mutet an wie ein grauser Totentanz, dessen Zeugen wir ja nur von ferne waren."[77] Bemerkenswert ist in diesem Zusammenhang, daß dem Autor folgendes auffällt:

> „Ein kleiner tragischer Riß wird freilich in der Aufführung spürbar: Man merkt deutlich, welche von den Darstellern persönlich Geschautes und Erfahrenes gestalten und welche aus behüteter Ferne nachempfinden müssen."[78]

Damit scheint in meinen Augen eine andere Behauptung des selben Artikels in Frage gestellt zu werden. Kann „Des Teufels General" ein „überzeitliches Zeitstück"[79] sein, wenn sich schon 1946 unter den Zeitgenossen die unterschiedlichen Erfahrungen so sichtbar auf der Bühne auswirken, das persönliche Erleben also für Zuschauer und Akteure das Stück um eine so entscheidende Komponente ergänzt und erst vollständig macht?

Margot Schwarz, die Verfasserin des am 21.01.1947 in den Basler Nachrichten erschienenen Artikels „Des Teufels General von

---

[75] Ebd., S. 215f..
[76] Ebd., S. 216.
[77] Ebd., S. 218.
[78] Ebd., S. 219.
[79] Ebd., S. 219.

C. Zuckmayer im Schauspielhaus Zürich"[80], bezieht zu dem Artikel aus „Sie und Er" eine diametral entgegengesetzte Position. In ihren Augen stellt das Stück eine politische Gefahr dar. Sie greift jedoch auf ein ähnlich mythisch anmutendes Vokabular zurück, um ihren Befürchtungen Ausdruck zu verleihen.

> „Jahrelang schauten wir mit Entsetzen und Angst gegen Norden und ob man seine Augen auch hätte schließen und seine Ohren verstopfen wollen – es hätte nichts genutzt. Die Wolken schrieen es herab, [...] der blaue Himmel, der Mond, alle wußten es..."[81]

Schwarz glaubt das Stück verleite dazu, das Militär von aller Schuld reinzuwaschen und klar zwischen Partei und Militär zu trennen. Damit würde „ein Kreislein um die Schuldigen [gezogen], so eng, daß nur wenige darin Platz f[ä]nden"[82]. Schwarz geht sogar soweit, dem Stück vorzuwerfen es helfe „ein 1870, ein 1914, ein 1939 wieder vor[zu]bereiten"[83]. Damit stellt sie sich klar auf die Seite derjenigen, die ein Aufführungsverbot für richtig halten.

Zwischen diesen beiden extremen Polen entwickelt sich auch die deutsche Nachkriegsdiskussion um das Stück, auf die im Anschluß an dieses Kapitel eingegangen werden wird.

---

[80] Schwarz, Margot: ‚Des Teufels General' von C. Zuckmayer im Schauspielhaus Zürich. Basler Nachrichten (Abendblatt), 21.01.1947. In: Glauert, Barbara (Hrsg.): *Carl Zuckmayer. Das Bühnenwerk im Spiegel der Kritik*. Frankfurt a. M. 1977, S. 219-221.
[81] Ebd., S. 220.
[82] Ebd., S. 221.
[83] Ebd., S. 221.

V. Rezeption und öffentliche Diskussion von „Des Teufels General" im (West-)Deutschland der Nachkriegszeit

V.1 Die deutsche Erstaufführung in Hamburg im Spiegel der Kritik

Im Dezember des Jahres 1946 wird die deutsche Presse auf Zuckmayer aufmerksam. So heißt es zum Beispiel in der „Rheinischen Zeitung" vom 14.12.1946: „Wie wir erfahren hat Carl Zuckmayer in der Emigration ein Drama geschrieben, „Des Teufels General", das kürzlich in Zürich uraufgeführt wurde. Jetzt ist er zu Besuch in Berlin."[84] Der Artikel gewährt außerdem einen Blick auf die Haltung, mit der man Zuckmayer in Deutschland zu diesem Zeitpunkt begegnet. „Er gehört zu den Emigranten, die drüben keine Konjunktur ausgenützt haben. [...] Er ist ein echter Kerl und ein Bühnendichter, der dem Volk und seiner Zeit aufs Maul zu schauen versteht."[85] Diese Einstellung gegenüber Zuckmayer bleibt auch in der folgenden Zeit bestehen und trägt dazu bei, daß sein Stück *der* große Erfolg der Nachkriegszeit wird. Darüber hinaus ist sie für die Diskussionen um das Stück, die Zuckmayer mit seinem Publikum führt, von großer Bedeutung, da sie dazu führt, daß Zuckmayer als Gesprächspartner akzeptiert wird und man seinen Worten Gehör schenkt.

Während seines Berlin Aufenthaltes gibt Zuckmayer ein Interview, über das die Zeitung „Hessische Nachrichten" vom 10.12.1946 berichtet. Er antwortet „auf die Frage, welchen Eindruck die deutsche Jugend auf ihn mache [...]: ‚Ich weiß noch zu wenig über die deutsche Jugend, aber ich glaube nicht an ‚ver-

---

[84] N.N.: Kleine Liebe zu Zuckmayer. In: *Rheinische Zeitung* (14.12.1946).
[85] Ebd..

lorene' Generationen. Laßt uns ihnen helfen, sich selbst in einem starken vornehmen Ziel zu finden. Wenn wir ihnen vorläufig noch nichts anderes geben können als Verständnis und guten Willen, so mag doch darin die Lehre schlummern, daß Liebe stärker ist als Haß.'"[86]. Zuckmayer setzt sich in den folgenden Jahren ganz besonders für die Jugend ein und ergreift immer wieder für sie Partei. Dabei bringt er die von ihm selbst geforderten Komponenten Verständnis und guten Willen in großem Maße mit und schafft damit eine Vertrauensbasis, die sich auf die Diskussionen auswirkt, die er mit seinem jugendlichen Publikum führt. Auch wenn seine Lehre, daß Liebe stärker sei als Haß sehr vereinfachend wirkt, macht er es sich nicht einfach. Er sucht immer wieder das Gespräch und übernimmt sich schließlich durch diesen Diskussionsmarathon. Zuckmayer erleidet einen Herzinfarkt.

> „Dieses Leben ging über die menschliche Leistungskraft. Am Ende des Jahres 1948, nach einer Diskussions- und Versammlungsreise durchs Rheinland und Ruhrgebiet, bei der ich mich nur noch mit Schnaps aufrechterhalten hatte, brach ich mit einem Herzinfarkt zusammen."[87]

Die große Resonanz, die Zuckmayers Stück vor allem in den Jahren 1947 bis 1949 erhält, spiegelt sich in den Aufführungszahlen wider. Für die Spielzeiten 1947/48 und 1948/49 ist eine Gesamtzahl von 2913 Aufführungen zu verzeichnen[88].

In der Literatur und in diversen Zeitungsartikeln wird die Frankfurter Inszenierung von Heinz Hilpert wiederholt als deutsche

---

[86] S., Dana: Die Vitalität Berlins. In: *Hessische Nachrichten* (10.12.1946).
[87] Zuckmayer: Als wär's ein Stück von mir; a.a.O., S. 654.
[88] Vgl. Unicorn.: Zuckmayer. Der fröhliche Wanderer. In: *Der Spiegel* 37 (07.09.1955), S. 40.

Erstaufführung bezeichnet. Dies läßt sich höchstwahrscheinlich darauf zurückführen, daß diese Inszenierung die am meisten beachtete und mit der größten Spannung erwartete war. In Wahrheit gelang es jedoch dem Hamburger Schauspiel zwei Wochen eher als den Frankfurtern das Stück auf die Bühne zu bringen. Es muß also festgehalten werden: Die deutsche Erstaufführung von „Des Teufels General" fand am 08.11.1947 in Hamburg statt.

Obwohl alle Kritiken positiv über die Hamburger Aufführung berichten, unterscheiden sie sich zum Teil erheblich in der Wahl ihrer Argumente und geäußerten Kritikpunkte. Dadurch ergänzen sie sich und ergeben ein differenziertes Gesamtbild. Im folgenden werden die Argumente unter verschiedenen Gesichtspunkten zusammengefaßt, um einen Gesamteindruck der ersten Reaktionen auf das Stück in Deutschland zu erlangen.

In allen Artikeln wird die Frage nach der Gefahr, die von dem Stück ausgehen könnte, vorangestellt. Es wird auf das Aufführungsverbot durch die Alliierten hingewiesen und überlegt, ob es gerechtfertigt gewesen sei. Obwohl sich die Autoren darin einig sind, daß das Stück gezeigt werden müsse, ergibt sich dennoch eine gewisse Bandbreite in der Argumentation. Auf der einen Seite existiert eine Position, die kein Verständnis für das Verbot zeigt.

> „Die Tatsache, daß niemand dafür sorgte, daß dieses Stück früher in Deutschland aufgeführt werden konnte, stimmt bedenklich, weil sie den Schluß zu erhärten droht, daß die für die ‚deutsche Umerziehung' Verantwortlichen die deutsche Psyche nicht richtig einzuschätzen wissen."[89]

---

[89] Rücke, Karl Heinz: Des Teufels General. Deutsche Erstaufführung im Hamburger Schauspielhaus. In: *Echo der Woche* 22 (22.11.1947).

Auf der anderen Seite wird die Problematik als zeitabhängig gewertet.

> „Was vor einem Jahr noch Wagnis sein mochte, ist es heute nicht mehr, da war weder Aufbegehren gegen die ungemilderte Schärfe der an alle gerichteten Anklage, und da war kein Mißverstehen, das Entschuldigung sehen möchte."[90]

Sehr wichtig ist in diesem Zusammenhang der Hinweis auf die Reaktion des Publikums. Von dessen Zustimmung wird eine Bereitschaft abgeleitet, sich mit der Vergangenheit auseinanderzusetzen. Ein Teil der Kritiker macht die Frage nach der Gefahr, die von dem Stück ausgehen könnte, von der jeweiligen Inszenierung abhängig. Je schwächer die Inszenierung sei, desto größer sei auch die Gefahr eines Mißverstehens. Nur wenn die Intention des Dichters nicht durch die Aufführung deutlich werde, stelle sie ein Wagnis dar.

> „Der dichterische Wert des Dramas ist eindeutig. [...] Aber in unserer Situation ist die anschließende Debatte ebenso wichtig wie das Stück selbst. Die Aufführung im Hamburger Schauspielhaus bewies, daß durch Tendenzen und Schwächen einer Inszenierung ideologische Schlußfolgerungen provoziert werden können, die gewiß nicht in Zuckmayers Sinne sind."[91]

Einig sind sich alle in der Bewertung des Publikums. Es wird einhellig davon ausgegangen, daß es die notwendige Reife mitbringe, um das Stück richtig zu bewerten. Obwohl ein Teil der Autoren Verständnis für das Zögern der Besatzungsmächte aufbringt, wird die Reaktion des Publikums als Gradmesser genommen und somit davon ausgegangen, daß die Aufhebung des

---

[90] chr.: Theaterbrief aus Hamburg. Carl Zuckmayer: Des Teufels General. In: *Nouvelle de France* (26.11.1947).

[91] Pauck, Heinz: „Des Teufels General". Deutsche Erstaufführung in Hamburg. In: *Neue Zeitung* (21.11.1947).

Aufführungsverbotes kein Wagnis darstelle. Es wird sogar die extreme Position totalen Unverständnisses vertreten.

> „Man mag hinter diesem großen Erfolg alles mögliche wittern [...] – wer es nicht spürt, daß Zuckmayers nach allen Richtungen offene Sprache die einzig richtige, weil natürliche und freie Sprache ist, dem ist nicht zu helfen."[92]

Zuckmayer wird nicht nur dafür gelobt, daß er den Ton der damaligen Zeit exakt getroffen habe, sondern auch für die Fähigkeit zu differenzieren.

„Das seelische Gewand seiner Gestalten ist zwischen dem sich von draußen so billig anbietenden Schwarz und Weiß bunt und vielfältig schillernd abgetönt"[93].

Diese Feststellung findet sich in den Jahren 1947 und 1948 in beinahe allen Kritiken wieder. Sein Bemühen hebt sich in den Augen der Kritiker von der Tendenz vor allem amerikanischer Filme ab, „brutale[ ] Nazi-Einheitsschädel[ ] [...], die unaufhörlich nach Blut leck[.]en"[94] darzustellen und damit „nur die halbe Wahrheit"[95] zu zeigen. Im ersten Kapitel dieser Arbeit wurde auf Zuckmayers Einstellung hingewiesen, die Einteilung in böse und gute Völker sei Unsinn, der Riß gehe vielmehr durch jeden einzelnen Menschen hindurch. Diese Auffassung wird offensichtlich von den Rezipienten aus seinem Stück herausgelesen.

Es stellt sich die Frage, für welche Gefahren die Inszenierung von den Kritikern verantwortlich gemacht wird. Vornehmlich wird die Tendenz kritisiert, die Nazifiguren zu karikieren, das

---

[92] Schirrmacher, Wolf: Zuckmayers Udet-Drama. In: *Der Ruf* 32 (15.11.1947).
[93] N.N.: „Des Teufels General". Deutsche Erstaufführung im Hamburger Schauspielhaus. In: Hamburger Allgemeine (11.11.1947).
[94] Schirrmacher: Zuckmayers Udet-Drama; a.a.O..
[95] Ebd..

heißt sie nicht als ernste Gefahr darzustellen. Damit ist in erster Linie die Figur des Kulturleiters Schmitz-Lausitz gemeint, der für die Mehrzahl als Harras' Gegenspieler gilt. Die Regie wird kritisiert „da man auch hier der Verführung unterlag, die negativen Nazifiguren nicht zunächst einmal ‚gleichberechtigt' menschlich in Erscheinung treten zu lassen: der gemeine Kulturleiter [...], das verzückte BDM-Mädchen [...] und der korrupte Präsident von Mohrungen [...] sind karikaturistisch überspitzt."[96] An anderer Stelle wird Zuckmayer für die Schwächen des Kulturleiters verantwortlich gemacht.

> „Lausitz bleibt ein Zwitter, dem man den Wahnsinn der SS nicht zutraut. Hier fehlt dem Dichter wohl ein wenig die lebendige Anschauung. [...] Auch liegt die Gefahr darin, den Geist des erbarmungslosen Fanatismus, der uns zugrunde richtete, in einem vollblütigen Gegenwartsdrama unseres Schicksals auch nur im geringsten zu karikieren und also nicht ganz ernst zu nehmen."[97]

Ebenso wie bei der Figur des Kulturleiters wird für die fehlende Überzeugung bei der Darstellung des Oderbruch abwechselnd die Regie bzw. die Besetzung und der Dichter verantwortlich gemacht.

> „Eine entscheidende Fehlbesetzung ist Bernhard Minetti in der Rolle des Ingenieurs Oderbruch, des Repräsentanten des aktiven Widerstandes. Wenn Oderbruch seine Sabotagehandlungen nicht mit leidenschaftlicher Ergriffenheit aus dem hellen Pathos einer stärkeren Idee verteidigt, sondern mit beschatteter Verkniffenheit wie aus einer inneren Verklemmung, dann liegt allerdings die Frage nahe, ob der Ausgang des Krieges nicht dadurch beeinflußt wurde, daß an entscheidenden Stellen der Wehrmacht abseitige

---

[96] Rücke: Des Teufels General; a.a.O..
[97] Schirrmacher: Zuckmayers Udet-Drama; a.a.O..

Charaktere saßen, die abends Cello spielten und tagsüber im Büro sabotierten."⁹⁸

Obwohl die Gefahr der Entstehung einer neuen Dolchstoßlegende von allen zurückgewiesen wird, legen diese Zeilen nahe, daß es von immenser Bedeutung sei, wie die Rolle des Oderbruch auf der Bühne umgesetzt werde. Dieser Aspekt wurde, die Inszenierung betreffend, bereits angesprochen (s.o.). Eine nicht überzeugende Leistung der Darsteller ist in den Augen der Kritik folglich ebenso für die Entstehung einer ideologischen Tendenz verantwortlich zu machen, wie eine schwache Inszenierung.

Die Figur des Fliegergenerals Harras steht für alle Autoren im Mittelpunkt der Analyse. Harras wird als Mensch gesehen, „der die Sympathien, die er auf der Bühne gewinnt, durchaus verdient."⁹⁹ Das heißt jedoch nicht, daß er in seinem Verhalten nicht verurteilt werden kann. So heißt es, er habe „die Handlungsfreiheit bereits verloren" und „fürchte[ ] die konsequente Entscheidung dafür oder dagegen"¹⁰⁰. Mit seinem passiven Verhalten mache er sich schuldig:

> „Harras, der denkende, der mitfühlende Mensch unter Hypnotisierten, unter Fanatikern und Marionetten der falsch verstandenen Pflicht hat jenen Bruch im Charakter, der ihn schuldig werden läßt im Sinne aller jener, die heute schuldig sind, weil sie geschehen ließen, was geschah..."¹⁰¹.

---

[98] Pauck: „Des Teufels General"; a.a.O..
[99] Rücke: Des Teufels General; a.a.O..
[100] Ebd..
[101] chr.: Theaterbrief aus Hamburg; a.a.O..

V.2 Zur Rezeption der Frankfurter Hilpert Inszenierung

Die Frankfurter Inszenierung von Heinz Hilpert wird von der Presse einhellig gelobt. Im Gegensatz zur unterschiedlichen Bewertung der Hamburger Regieleistung sind sich alle einig, daß Hilpert eine überzeugende Inszenierung auf die Bühne gebracht habe.

> „Die umsichtige und verantwortliche Inszenierung Heinz Hilperts kam dem Dichter entgegen, der es sich im Gegensatz zu allen bisher aufgeführten Zeitstücken nicht leicht machte, denn er hat es bewußt vermieden, eine Schwarz-Weiß-Malerei zu geben."[102]

Sogar die „Frankfurter Zeitung", in der das Drama als solches abgelehnt wird, bescheinigt Hilpert „[b]esonders im ersten Akt [...] eine wahrhaft großartige Regieleistung"[103]. Das Drama selbst wird in diesem Artikel als „historisch falsch und darum künstlerisch falsch"[104] bezeichnet. Zuckmayer wird vorgeworfen, eine Figur geschaffen zu haben, die „als individuelle Episode"[105] vorstellbar sei. Vom Drama fordert der Autor des Artikels jedoch, daß es „im einzelnen für das Allgemeine"[106] stehen müsse. Er geht nicht davon aus, daß Zuckmayer vorhatte ein Einzelschicksal zu gestalten und gelangt dadurch zum Schluß, die Darstellung sei zu kritisieren, da in ihr Harras als pars pro toto für Militär und Generalität stehe. Zuckmayers Intention wird folgendermaßen dargestellt:

---

[102] Beutel, Gottfried: Carl Zuckmayer: ‚Des Teufels General'. Die Weltbühne H. 1\2 (1948). In: Glauert, Barbara (Hrsg.): Carl Zuckmayer. Das Bühnenwerk im Spiegel der Kritik. Frankfurt a. M. 1977, S. 243.
[103] Pollatschek, Dr. Walther: Des Teufels General. Frankfurter Erstaufführung in Anwesenheit des Dichters. In: *Frankfurter Zeitung* (27.11.1947).
[104] Ebd..
[105] Ebd..
[106] Ebd..

„Was nun meint er? Daß die Schuld des Militärs darin bestehe, sich den Nazis verschrieben zu haben; ebenso (in einer Nebenfigur) die Schuld der Industriellen darin, daß sie die Nazis bezahlten, um sie als Werkzeug gegen den Kommunismus zu gebrauchen. [...] [W]ahr ist es, daß die Industriellen und Militärs nicht Mitläufer sondern Auftraggeber der Nazis waren. Sie als (wenn auch mitschuldige) Opfer der Nazis hinzustellen heißt ihnen morgen verzeihen und sie übermorgen als Helden zu feiern. Ist dies auch nicht Zuckmayers Absicht, so muß es seine Wirkung sein"[107].

Zuckmayers Absicht war es jedoch, ein Menschenschicksal darzustellen. Gegen die Interpretation, in Harras generell das Militär oder den Deutschen zu sehen, wehrt er sich vehement. „General Harras soll nicht einen Offizierstyp verkörpern, er soll auch nicht für den ‚Deutschen' in der Nazizeit gelten.[108]"

Wie Zuckmayer selbst auf die Prämisse reagiert, ein Drama müsse grundsätzlich Allgemeingültigkeit besitzen, wird noch darzulegen sein. Zunächst soll auf die divergierenden Argumente der Kritiken aus folgenden Zeitungen eingegangen werden: „Rhein-Neckar Zeitung", „Frankfurter Neue Presse", „Neues Winterthurer Tageblatt", „Süddeutsche Allgemeine Nachrichten", „Süddeutsche Zeitung", „Stuttgarter Nachrichten" und „Die Weltbühne". Im Gegensatz zur ablehnenden Haltung der „Frankfurter Zeitung" berichten diese alle in einer Bandbreite von äußerst-positiv bis zu kritisch-positiv über Stück und Inszenierung.

Die Tendenzen, welche sich aus den Hamburger Besprechungen heraus kristallisierten, sind auch in den Frankfurter Kritiken wieder zu finden. Darüber hinaus werden jedoch neue Argumen-

---

[107] Pollatschek: Des Teufels General; a.a.O..
[108] Th.H.: Diskussion mit Zuckmayer. In: *Frankfurter Neue Presse* (01.12.1947).

te in die Diskussion eingebracht. Zunächst soll darauf eingegangen werden, welche Tendenzen sich fortsetzen, um dann auf neue Entwicklungen zu sprechen zu kommen. Zuckmayer wird erneut bescheinigt (s.o.), nicht der Versuchung der Schwarz-Weiß-Malerei erlegen zu sein. Ebenso ist man der Meinung, daß das Stück nur außerhalb des Dritten Reiches habe entstehen können. „Kein ‚Drinnengebliebener' hätte das so klar, so objektiv zeichnen können."[109] Zuckmayers mögliche Absichten werden wiederholt positiv bewertet. Man glaubt an sein Mitgefühl, aber auch an seinen Blick für das geschehene Unrecht. Die „Frankfurter Neue Presse" äußert sich folgendermaßen:

> „Er schreibt aus Liebe zu seiner angestammten Heimat, aus Liebe zu seinem Volk. Er ist deswegen nicht so nachsichtig, wie das auf den ersten Blick erscheinen mag. Wir wüßten jedoch kein deutsches Bühnenwerk, das die Frage der Mitverantwortung jedes einzelnen [...] am Niedergang der Nation so mutig und doch so *maßvoll* in die Debatte würfe."[110]

Wiederholt wird darüber hinaus die Ansicht, daß die Befürchtungen der Alliierten sich nicht bewahrheitet hätten. Sie werden zum Teil aber als nachvollziehbar dargestellt. Erneut wird auf die Bedeutung der Inszenierung hingewiesen.

> „Dennoch ist nicht zu verkennen, daß das Schauspiel gewisse Gefahren in sich birgt, die das Zögern der Amerikaner verständlich machen, es dem deutschen Publikum vorzusetzen. [...] [S]o mag bei manchem Deutschen eine falsche und gefährliche Schlußfolgerung einsetzen – wenn sie diesen General Harras als den deut-

---

[109] U.S.-E.: „Des Teufels General" in Frankfurt. In: *Süddeutsche Zeitung* (09.12.1947).
[110] Weber, Paul Friedrich: In Anwesenheit des Dichters Carl Zuckmayers ‚Des Teufels General'. Premiere des Städtischen Schauspiels Frankfurt – Heinz Hilperts erste größere Inszenierung. Frankfurter Neue Presse, November 1947. In: Glauert, Barbara (Hrsg.): *Carl Zuckmayer. Das Bühnenwerk im Spiegel der Kritik.* Frankfurt a. M. 1977, S. 225.

schen General überhaupt sehen, [...] aber ich halte es für falsch, das Werk [...] abzulehnen, entscheidend ist nur, darauf zu achten, daß es bei kommenden Inszenierungen nicht verfälscht wird."[111]

Die Gefahr einer zu großen Sympathiegewinnung, die von der Darstellung des General Harras in all seiner Pracht ausgehen könnte, wird von der überwiegenden Zahl nicht als groß angesehen. Im Gegenteil: Es wird angenommen, daß die heilsame Wirkung des Stückes dadurch erst zustande käme. Es würde kein durch und durch schlechter Mensch an den Pranger gestellt sondern jemand, mit dem man sich gerne identifiziere. Dadurch würde die besondere Schwere der Schuld noch deutlicher.

„Ja, es war unbedingt notwendig, daß dieser General in der ganzen verführerischen Leuchtkraft seiner Uniform, in vollem Kriegsschmucke daherkam, denn nur so konnte in aller Freiheit und aus der eminenten Kraft des Gegensatzes heraus die Frage zur Entscheidung gebracht werden: Wie weit darf die Pflicht, darf die Neigung zu einem Beruf, dem Gewissen vorschreiben: du schweigst! Und wann muß das Gewissen die Führung an sich reißen? [...] Gerade weil Zuckmayer seine Hauptfigur liebt und [...] mit aller Anteilnahme durchlebt, die ihm das Vertrauen des Publikums einbringt, kann er ihm auch den Spiegel vorhalten, damit es sich selbst darin erkenne!"[112]

Ähnlich argumentiert das „Neue Winterthurer Tageblatt" vom 24.12.1947:

„Das Versagen von Harras rührt an die Wurzel des Nationalsozialismus überhaupt. Gerade weil er ein anständiger Mann ist, gerade

---

[111] Saile, Olaf: Bei Zuckmayer in Frankfurt. Beifall und Diskussionen um „Des Teufels General". In: *Stuttgarter Nachrichten* (29.11.1947).

[112] M.G.: ‚Des Teufels General'. Ein Drama von Carl Zuckmayer. Erstaufführung an den Frankfurter Städtischen Bühnen. Süddeutsche Allgemeine Nachrichten, 03.12.1947. In: Glauert, Barbara (Hrsg.): *Carl Zuckmayer. Das Bühnenwerk im Spiegel der Kritik*. Frankfurt a. M. 1977, S. 229f..

weil er über dem moralischen und geistigen Niveau der Nazis steht, ist sein Zusammengehen mit ihnen um so verwerflicher."[113]

Der Einsatz der Uniformen auf der Bühne wird entsprechend als notwendig verteidigt:

„Wir hören im Geiste hundert Einwände. Uniformen auf der Bühne? Wird da nichts verzerrt? Nun, diese jüngste Vergangenheit wird heute und später nicht darzustellen sein ohne sie. Denn das deutsche Volk war nur nach Uniformen gegliedert und nicht mehr nach Privatpersonen."[114]

Die Bannung der möglichen Gefahren wird des weiteren auf Hilperts sinnvolle Striche zurückgeführt.

„Heinz Hilpert [...], beseitigte jede erdenkliche Möglichkeit, die zu Mißdeutungen hätte Anlaß geben können. Man verzeichnete manche Streichung [...] und siehe da, es gelang jene Objektivierung des dramatischen Stoffes, die ganz im Sachlichen ruhte. [...) [Er) wahrte die Distanz, wo der Effekt verlockte"[115].

Die „Süddeutsche Allgemeine Nachrichten" sieht in Hilperts Inszenierung keine Möglichkeit für das Publikum, einer vermeintlich glorreichen Vergangenheit nachzutrauern.

„Aber war das gefährlich? Höchstens für Dummköpfe, denn es gab in keiner Szene eine Gelegenheit, sich heimlich ins Fäustchen zu lachen und sich aus Herzensgrunde an der versunkenen Welt zu erfreuen, denn da oben stand gleich zu Beginn der Handlung ein Mann, der um seine höhere Schuld wußte"[116].

---

[113] A.G.: ‚Des Teufels General' in Deutschland. Neues Winterthurer Tageblatt, 24.12.1947. In: Glauert, Barbara (Hrsg.): Carl Zuckmayer. Das Bühnenwerk im Spiegel der Kritik. Frankfurt a. M. 1977, S. 235.
[114] Weber: In Anwesenheit des Dichters; a.a.O., S. 227.
[115] Ebd., S. 228.
[116] M.G.: ‚Des Teufels General'; a.a.O., S. 229.

Die „Rhein-Neckar-Zeitung" verstärkt diesen Eindruck, da sie dem Publikum bescheinigt, daß es „sich der Problemstellung des Werkes gewachsen zeigte und so reagierte, wie es dem Sinn des Werkes nach auch erwartet werden muß: mit äußerster Zustimmung befreiter und ermutigter Herzen. Es war ein sehr kritisches Publikum [...] dem es ein nicht minder bedeutendes Anliegen war, das Werk auch richtig verstanden und bis in seine letzten Schlüsse begriffen und geprüft zu wissen."[117]

Erneut steht für die Kritiker die Figur des Harras bei der Analyse im Mittelpunkt, von ihr ausgehend werden Stück und Inszenierung interpretiert. Darüber hinaus wird Harras in Zusammenhang zu den übrigen Figuren gestellt und auf die schauspielerische Leistung Martin Helds, der den Harras in der Frankfurter Inszenierung verkörpert, eingegangen. Besonders interessant ist eine Interpretation, die in Harras passiven Verhalten eine Gefährlichkeit erkennt, die ihn in die Nähe des Kulturleiters Schmitz-Lausitz rückt. „Die Rhein-Neckar Zeitung" sieht diese Auslegung durch Helds Darstellung des Harras unterstützt.

> „Martin Held war an diesem Abend eine Entdeckung: mit unglaublicher Instinktsicherheit hat er in diesem Fliegergeneral Harras jenen verführerischen Menschentypus herausbekommen, der von Grund aus gut und untadelig sein möchte, aber den Mut nicht aufbringt, es zu sein und durch die Passivität seiner haltlosen Verbindlichkeit dem Bösen das Terrain noch ungeschützter überläßt. So, wie er ihn spielte, ist keine Täuschung über seine Gefährlichkeit möglich. [...] Das ist der Sinn dieser Figur, die durch Erich Musils

---

[117] Belzner, Emil: Carl Zuckmayer: ‚Des Teufels General'. Erstaufführung der Städtischen Bühnen Frankfurt am Main unter Heinz Hilpert. Rhein Neckar Zeitung, Heidelberg, 29. November 1947. In: Glauert, Barbara (Hrsg.): Carl Zuckmayer. Das Bühnenwerk im Spiegel der Kritik. Frankfurt a. M. 1977, S. 222.

hohes SS-Tier, diesen Kulturleiter Schmitz-Lausitz, eine furchtbare
Folie erhält [...]. Irgendwo berühren sich diese Sphären."[118]

Die Analyse der Artikel zeigt deutlich, daß Hilpert die Figur des Kulturleiters als Gegenpol zu Harras inszeniert. Im Gegensatz zur Hamburger Inszenierung wird die Problematik der Oderbruch Figur in den Besprechungen der Frankfurter Inszenierung nur am Rande erwähnt. Hilpert setzt den Schwerpunkt so klar, daß die Möglichkeit, Oderbruch als Harras' bzw. Schmitz-Lausitzs Antagonist zu betrachten, von den Kritikern nicht in Erwägung gezogen wird. Dieser Aspekt war ja bereits in Hilperts Züricher Inszenierung aufgefallen.

„Es gibt keinen Moment des Schwankens und des Zweifels in Heinz Hilperts Inszenierung. Mit dem Blick des Meisters hat er sofort erkannt, worauf es ankommt: dem Pol Harras wurde der Pol des höheren SS-Offiziers und Gestapo Mannes Dr. Schmitz-Lausitz koordiniert"[119].

Dennoch sind sich die Autoren in der Bewertung der Figur des Kulturleiters uneinig. Auf der einen Seite wird er als ebenbürtiger Gegner betrachtet, auf der anderen als von Zuckmayer zu schwach gezeichnet, um als echte Gefahr gelten zu können. „In einer vorzüglichen Maske begegnet uns Erich Musil: er ist der teuflische Gegenspieler des Generals. Eiskalt, mit seinem öligen Tenor österreichischer Färbung seine Bosheit travestierend."[120] Die „Süddeutsche Allgemeine Nachrichten" hält dagegen:

„>Des Teufels General<. Der Teufel ist also im Titel vorangestellt. Es geht aber nur ein kleiner, neidischer, dressierter Emporkömmling als Abgesandter des Satans über die Bretter. So steht dem le-

---

[118] Ebd., S. 224.
[119] Belzner: Carl Zuckmayer; a.a.O., S. 223.
[120] Weber: In Anwesenheit des Dichters; a.a.O., S. 228.

benskräftigen saftigen Harras kein raffinierter Gegner gegenüber […]. Der SS-Mann bleibt ein kleiner Spitzel, ein Polizist, ein Nachplapperer von Eingetrichtertem, ein Kümmerling. Darunter leidet der Bau des Dramas als Dichtung."[121]

Trotzdem wird Erich Musils Leistung im gleichen Artikel gelobt. Die Schwächen der Figur werden also der Dichtung und nicht der Inszenierung zugeordnet.

„Sein Gegenspieler, der SS-Mann, Erich Musil, Rücksichtsloser Spürhund, Fanatiker mit Minderwertigkeitskomplexen. Er blieb klug und geschickt in den Grenzen, die ihm der Verfasser gezogen."[122]

Die „Main Zeitung", deren Autor die Züricher Hilpert Inszenierung mit der Frankfurter vergleicht, kommt ebenfalls zu einem positiven Ergebnis, was die Darstellung des Harras und des Kulturleiters betrifft.

„Seine schlanke, an den Schläfen ergraute Gestalt ist von Anfang an beschattet. Das Feuerwerk an giftigem Witz gegen die Partei versprüht er nicht aus lachendem Hals, sondern eher schnoddrig, gleichsam zwischen den Zähnen. [...] Erich Musil in Frankfurt war ein Reptil mit dem Zungenschlag des ‚Ostmärkers' also ein vertrauter fanatisch-geschmeidiger Typ. Somit fiel manches von der Komik auf seine Kosten weg, die den unbeschwerten Schweizern soviel Gelegenheit zum Lachen gab. Aber die Gewichte verteilten sich besser: dieser Schwarzuniformierte war nicht lächerlich, er war gefährlich."[123]

Die angeführten Äußerungen zur Figur des Kulturleiters sind einander diametral entgegengesetzt, die eine beschreibet ihn als

---

[121] M.G.: ‚Des Teufels General'; a.a.O., S. 233.
[122] Ebd., S. 234.
[123] Werner, Bruno E.: Hilpert inszenierte. Zur Frankfurter Erstaufführung des neuen Zuckmayer. In: *Die Main Zeitung* 96 (01.12.1947), S. 4.

‚Kümmerling', die andere als ‚Gefahr'. Insgesamt gesehen findet sich keine Mehrheit für die eine oder andere Betrachtungsweise. Ob diese Figur und ihre Darstellung durch Erich Musil überzeugend auf den Zuschauer wirken, scheint somit von persönlichen Erfahrungswerten abzuhängen, die wiederum eine subjektive Einschätzung unterstützen. Auf die Leistung der übrigen Darsteller wird nicht im Detail eingegangen. Überwiegend ist man der Meinung, daß besonders die Frauenrollen enttäuscht hätten und hebt Tatjana Iwanows Darstellung der Anne Eilers in negativer Hinsicht hervor.

> „Die Frauenrollen waren nicht durchweg überzeugend, vor allem nicht die weibliche Hauptrolle (Tatjana Jwanow), die der entscheidenden Szene im dritten Akt durch mattes und farbloses Spiel ihre letzte [...] großartige Wirkung versagte."[124]

Eine der wenigen Äußerungen zur Darstellung des Oderbruch und Hartmann findet sich in der „Frankfurter Zeitung".

> „Von der großen Zahl der Darsteller erfüllen nur wenige unsere Erwartungen ganz: einige weibliche Rollen wünschte man noch besser verkörpert. Aber da ist [...] Otto Rouvels Oderbruch, mit betonter Zurückhaltung zu echter Figur geschaffen [...] und Jens Andersson ein[ ] Hartmann von wahrer Jugend."[125]

Darüber hinaus wird ihnen jedoch noch nicht die Aufmerksamkeit zuteil, die sie in der öffentlichen Diskussion gewinnen werden. Erst durch die Auseinandersetzung zwischen Zuckmayer und seinem teilweise jugendlichen Publikum verschiebt sich der Schwerpunkt der Debatte auf diese beiden Figuren, wie noch zu sehen sein wird. Auch die Figur des Pützchen wird noch nicht in dem Maße diskutiert wie es im darauffolgenden Jahr der Fall

---

[124] Saile: Bei Zuckmayer in Frankfurt; a.a.O..
[125] Pollatschek: Des Teufels General; a.a.O..

sein wird. Aufhorchen läßt der Artikel der „Weltbühne", denn er nimmt die Argumentation vorweg, die sich im Falle sowohl des Pützchen als auch des Oderbruch entwickeln wird. Es wird auf die Unwahrscheinlichkeit der Dialoge zwischen Harras und Oderbruch und auf die generelle Schwäche der Figurenzeichnung von Oderbruch und Pützchen hingewiesen.

> „Was bei der Lektüre des Stückes nicht bewußt wurde, zeigt in einer überraschenden Enttäuschung die Aufführung, nämlich, daß die Dialoge zwischen [...] Harras und Oderbruch, papieren, unwahrscheinlich und gezwungen sind. Ihre Schlußfolgerungen sind keineswegs zwingend, dafür haben wir die Vergangenheit noch in zu frischer, besserer Erinnerung."[126]

Über die Darstellung von Oderbruch und Pützchen heißt es:

> „Otto Rouvel mußte die nicht wahrscheinliche Rolle des Ingenieur Oderbruch verkörpern. [...] Da wir diese Rolle nicht als glaubwürdig empfinden – denn aus noch allzu genauer Erinnerung heraus ist uns ein Widerstandskämpfer dieses Milieus, der seine besten Freunde zuerst opfert, um das System zu vernichten [...] unwahrscheinlich [...] - , können wir füglich dem Schauspieler nicht vorwerfen, was nach unserer Ansicht Mangel des Dichters ist. [...] Ebenso ist der Wutausbruch [...] [von] ‚Pützchen' vom Dichter aus bereits unglaubwürdig und Hannelore Hinkels Bemühungen um diese Gestalt konnten hier nicht viel ausrichten."[127]

Die Begründung, warum die Rolle als unwahrscheinlich empfunden wird, ist von besonderer Bedeutung. Es ist genau die an ihn gestellte Frage, wie es jemand vertreten könne, seine Freunde zu opfern, welche bei Zuckmayer schließlich zu dem von ihm

---

[126] Beutel, Gottfried: Carl Zuckmayer: ‚Des Teufels General'. Die Weltbühne, (1948) H. 1/2. In: Glauert, Barbara (Hrsg): Carl Zuckmayer. Das Bühnenwerk im Spiegel der Kritik. Frankfurt a. M. 1977, S. 244.

[127] Ebd., S. 245f..

selbst bekannten ‚Oderbruch-Komplex' führt. Dies ist die Figur, mit der er nie ganz zufrieden sein wird.[128]

Des weiteren spielt erneut die Argumentation von der fehlenden historischen Genauigkeit eine große Rolle. Es wird von Zuckmayer erwartet, die Menschen so darzustellen, wie sie nachprüfbar existiert haben. Zuckmayer dagegen betont immer wieder, daß es nicht in seiner Absicht lag, ein Dokumentarstück zu schreiben. „Ich wußte (was manche Besucher des Stückes heute vergessen), daß ich kein Dokumentar-Stück schrieb."[129] Auf seine Äußerungen wird im Rahmen der Analyse der öffentlichen Diskussion noch genauer einzugehen sein.

Der Schluß des Dramas wird kontrovers diskutiert. In der Argumentation kristallisieren sich drei Tendenzen heraus. Erneut existiert die Fraktion, die eine historische Glaubwürdigkeit von der Dichtung fordert. In ihren Augen ist der Freitod als Lösung inakzeptabel, da er der Realität nicht sehr nahe komme.

> „Die Zeit, die hinter uns liegt, ist noch zu frisch in unserer Erinnerung, als daß wir nicht den Freitod des Fliegergenerals als unwahrscheinlich empfinden müßten. In Wirklichkeit haben [...] diese Generale aus egoistischen Motiven, aus Mangel an Zivilcourage und anderen Gründen die Zuckmayersche Konsequenz nicht gezogen."[130]

In der Kritik der „Rhein-Neckar-Zeitung" wird der Freitod als letztes Versagen des Generals angesehen. Noch nicht einmal das

---

[128] Im Dezember 1948 diskutiert Zuckmayer mit Bonner Studenten und erklärt, „daß die vielseitige Kritik an der Figur des Oderbruch ihm einen regelrechten ‚Oderbruch-Komplex' eingetragen habe." Kl.: Diskussionen über „Des Teufels General". In: *Weser Kurier* (19.12.1948).
[129] Pfäfflin/Ott: Marbacher Katalog 49; a.a.O., S. 340.
[130] Beutel: Carl Zuckmayer, a.a.O., S. 243.

Reinwaschen von der Schuld wird ihm gestattet. Für die Welt stirbt er in Erfüllung seiner Pflicht für das Unrechtsystem.

„Es ist das Maß an Sühne, das möglich schien, Sühne dafür, daß er des Teufels General war, was er seinem Verstand, seinem Gefühl, seiner Kultur nach niemals hätte sein dürfen. Daß dieser Versuch einer Selbstreinigung mit der Anordnung eines ‚Staatsbegräbnisses' quittiert wird, setzt ein besonderes ironisches Schlaglicht, dem an Erläuterung nichts mehr hinzuzufügen ist."[131]

Die dritte Interpretation sieht den Freitod Harras' in einer sehr viel abstrakteren Weise. Für sie ist er nur im übertragenen Sinne zu verstehen. „Der Freitod des Generals ist nur gleichnishaft dafür, daß das, was einmal als verderblich erkannt ist, sterben muß, in jedem."[132] Es wird angenommen, daß Zuckmayer mit seinem Ende des Stückes eine allgemeingültige Wahrheit postuliert. Davon geht auch der Kritiker der „Frankfurter Neuen Presse" aus. „Carl Zuckmayer ist ein Dramatiker, der mit unbeirrbarem Instinkt für die neuralgischen Punkte wirklicher Konflikte in unserer Zeit Allgemeingültiges zu sagen weiß."[133]

Für den folgenden Teil der Analyse, in dem die öffentliche Diskussion im Mittelpunkt stehen wird, bleibt festzuhalten: Ein Teil der Kritiker geht davon aus, daß „Des Teufels General" am Beispiel des General Harras eine höhere, allgemeingültige Wahrheit aufzeigt, die man in etwa folgendermaßen zusammenfassen könnte:

„Jeder Mensch ist zu jeder Zeit für sein Handeln verantwortlich. Einer Pflicht, die uns zwingt, gegen das eigene Gewissen zu

---

[131] Belzner: Carl Zuckmayer; a.a.O., S. 223.
[132] M.G.: ‚Des Teufels General'; a.a.O., S. 232.
[133] Weber: In Anwesenheit des Dichters; a.a.O., S. 225.

handeln, darf nicht Folge geleistet werden, sonst macht der Mensch sich vor einer höheren, göttlichen Pflicht schuldig."

Die Bühne wird in diesem Fall klassisch, als moralische Anstalt gesehen, die dem Publikum das eigene fragwürdige Verhalten vor Augen führt. Der kleinere Teil der Kritiker möchte das Publikum politisch erzogen sehen. Dazu wird eine lückenlose Aufklärung über die vergangenen Geschehnisse gefordert. Es wird bemängelt, daß Zuckmayers Stück die historische Exaktheit eines Dokumentarstückes fehle und es damit zum Beispiel nicht die ganze Wahrheit über das Verhältnis von Wehrmacht und SS aussage. Nur von einem Stück, das deren Verstrickungen in die Verbrechen des dritten Reiches zeigte, ginge in den Augen des kleineren Teils die heilsame Wirkung aus, die der größere Teil der Kritiker durch Zuckmayers „Des Teufels General" bereits verwirklicht sieht.

Ein Beispiel für die positive Einschätzung der Wirkung des Dramas bietet eine Besprechung der Kölner Inszenierung in der „Rheinischen Zeitung" vom 14.01.1948. Der Autor erklärt sich die große Wirkung des Stückes durch das Fehlen eines mahnenden Zeigefingers. Das Urteil werde dem Publikum selbst überlassen. Es wird dadurch eine Eigenverantwortlichkeit unterstützt, die ansonsten durch die Umerziehungsmaßnahmen der Alliierten eingeschränkt werde.

> „Zuckmayer [...] hatte die Möglichkeit, seine Lungen voll reiner Luft zu pumpen, während wir nach wie vor in unsere Grenzen eingeklemmt sind und Stickluft atmen und nur hier und da einmal den Mund öffnen dürfen, damit uns der fremde Onkel Doktor ein nach seinem Gutdünken dosiertes Teelöffelchen Aufklärung einflößt. [...] Nun diesmal ließ man uns [...] einen herzhaften Schluck

aus der Flasche nehmen. Er sollte uns bekömmlicher sein, als die beststilisierte Thomas Mannsche Fastenpredigt."[134]

Zuckmayers Drama wird mit einer Medizin verglichen, es wird also auch von diesem Autor von dessen heilsamer Wirkung ausgegangen.

Bis zu diesem Zeitpunkt sind weder das Publikum noch Zuckmayer selbst zu Wort gekommen. In den Kritiken wird die Reaktion des Publikums auf das Stück positiv bewertet, ohne Stimmen aus dem Publikum eingefangen zu haben. Auch Zuckmayers Intentionen werden aus dem Stück herausinterpretiert, ohne sich auf seine Aussagen zu beziehen. Der Blickwinkel soll im folgenden Teil ein anderer werden. Die offengebliebenen Fragen des Publikums und Zuckmayers Antworten stehen jetzt im Mittelpunkt. Es muß sich erst noch herausstellen, ob die Kritiker mit ihrer Bewertung des Publikums richtig lagen. Interessant ist außerdem, ob in der Diskussion die gleichen Schwerpunkte gesetzt werden wie in den Besprechungen des Stückes.

V.3 Die öffentliche Diskussion: Frankfurt

Die „Frankfurter Neue Presse" berichtet am 01.12.1947 über eine „Diskussion mit Zuckmayer"[135]. Außer Zuckmayer ist auch Peter Suhrkamp anwesend, der Verleger und Freund des Dichters. Zuckmayer äußert besonderes Interesse an der Auseinandersetzung mit der Jugend und sagt, „daß ihm die Figur des Leutnants Hartmann [...] als die wichtigste erscheine."[136] Damit rückt eine Figur in den Mittelpunkt, die bisher kaum beachtet

---

[134] Dr. Jardon: Des Teufels General. Erstaufführung der Städtischen Bühnen Köln. In: *Rheinische Zeitung* (14.01.1948).
[135] Th. H.: Diskussion mit Zuckmayer. In: *Frankfurter Neue Presse* (01.12.1947).
[136] Ebd..

wurde. Wie noch zu zeigen sein wird, stellt sie vor allem für die Jugend *die* Identifikationsfigur dar. In der Diskussion werden „Einwände [...] literarischer oder dramaturgischer Art"[137] nicht angebracht. Es geht vielmehr um die „politische Ebene"[138]. Die Art der Fragen zeigt, daß das Publikum noch nicht von der Ungefährlichkeit des dargestellten Stoffes überzeugt ist. Es besteht noch Klärungsbedarf. Die Anmerkung, daß die große Bedeutung des Stückes in der Auslösung der Diskussion liege, scheint sich zu bewahrheiten. „Der dichterische Wert des Dramas ist eindeutig. [...] Aber in unserer Situation ist die anschließende Debatte ebenso wichtig wie das Stück selbst."[139] Die durch das Publikum vorgebrachten Fragen lauten:

> „Ist es angebracht, heute diesen General Harras zu zeigen, der mit Ritterkreuz und prachtvoller Uniform sich gegen die Gestapo wehrt und als ein ‚ganzer' Kerl an Draufgängertum menschlich einnehmend wirkt?
> Ist es nötig, durch die Sabotage der Militärs von der Bühne her einer neuen Dolchstoßlegende Auftrieb zu geben?
> Es wäre besser gewesen, das Schicksal des ‚kleinen Mannes' des ‚Mitläufers' zu dramatisieren, um eine Allgemeingültigkeit zu erzielen.
> Ist es vor allem richtig, die Schuld des Generals Harras so verständlich erscheinen zu lassen in einem Augenblick, da die Schuld bei uns noch nicht anerkannt oder überwunden sei?"[140]

Zuckmayer antwortet auf diese Fragen:

> „Das Stück will kein Tendenzstück sein, General Harras soll nicht einen Offizierstyp verkörpern, er soll auch nicht für den ‚Deutschen' in der Nazizeit gelten. Harras ist der Mensch, der sich dem

---

[137] Ebd..
[138] Ebd..
[139] Pauck: „Des Teufels General"; a.a.O..
[140] Th.H.: Diskussion mit Zuckmayer; a.a.O..

Teufel verschrieben hat und die Folgen dessen mit seinem Gewissen austragen muß"[141].

Das Stück kann in Zuckmayers Augen nicht dazu dienen, den Menschen bei der Bewältigung ihrer Schuld zu helfen. Er sagt: „Die Probleme können nicht von der Bühne her gelöst werden, sondern nur von unserem Leben selbst."[142]

Zuckmayer ist davon überzeugt, „daß die Aufführungen von ‚Des Teufels General' im Publikum keine schädigende Wirkung haben."[143] Er wehrt „sich dabei vor allem gegen die Behauptung, das Schauspiel enthalte militaristische Tendenzen. Gerade das Verderbliche des Militarismus habe er an dem Beispiel des Fliegergeneral Harras gezeigt, der wegen einer Liebhaberei im entscheidenden Augenblick, als er sich dem Zwang der Umwelt gegenüber hätte durchsetzen müssen, versagt."[144] Die Frage, ob Harras nicht zu sympathisch wirke, verneint Zuckmayer mit einer Begründung, welche die Argumentation der Kritiker unterstützt, dies mache die besondere Schwere der Schuld deutlich:

„Es wäre [...] sinnlos gewesen, Harras von vornherein als Bösewicht hinzustellen, denn damit würde das Stück seine Problematik verloren haben."[145]

Insgesamt gesehen ähnelt Zuckmayers Argumentation derjenigen der Kritiker. Entscheidend ist jedoch, daß er es ablehnt dem Stück eine verallgemeinernde Tendenz zuzuschreiben. Ebenso weigert sich Zuckmayer, seinem Stück eine problemlösende Intention zu attestieren. Er versucht Bühnenwirklichkeit und Rea-

---

[141] Ebd..
[142] Ebd..
[143] Ebd..
[144] Dena: Carl Zuckmayer wird diskutieren. In: *Frankfurter Rundschau* (27.12.1947).
[145] Ebd..

lität zu trennen. Dies zeigt sich darin, daß er die Entscheidung, Harras nicht von Anfang an als Bösewicht zu zeigen, unter dramaturgischen Gesichtspunkten betrachtet.

Für eine genauere Analyse von Zuckmayers Position und der Meinung des Publikums soll nun im Detail auf die Münchener Diskussion eingegangen werden, die weitaus besser dokumentiert ist. Insbesondere Zuckmayers Auseinandersetzung mit der deutschen Jugend wird nun in den Mittelpunkt rücken.

V.4 Die öffentliche Diskussion: München

Die Münchener Inszenierung von Harry Buckwitz wird von der Presse scharf kritisiert. Obwohl Zuckmayer dem Regisseur beratend zur Seite stand, sind die Kritiker nicht vom Ergebnis überzeugt. In der „Süddeutschen Zeitung" ist von einem „starken Aderlaß"[146] die Rede, den das Stück habe „hinnehmen müssen". Der erste Akt vermittle dadurch den „verblüffende[n] Eindruck einer Berliner NS-Gesellschaftskomödie [...], ganz vordergründig, flächig, platt."[147] „[V]on der bleiernen Glocke der Angst, unter der sie da im Grunde doch alle mit mehr oder minder schlechtem Gewissen hocken, - von alledem kam nichts über die Rampe."[148] Der Autor weist jedoch darauf hin, daß „der dramatische Atem eines Zuckmayer [...] dennoch nicht abzuwürgen"[149] sei. So lobt er die auf der Bühne gesprochene Sprache als „erschreckend echt"[150]. „Eine wahre Gespenstersprache!"[151] Die Figur des

---

[146] N.N.: In den Kammerspielen: „Des Teufels General" nun auch in München. In: *Süddeutsche Zeitung* (24.03.1948).
[147] Ebd..
[148] N.N.: In den Kammerspielen; a.a.O..
[149] Ebd..
[150] Ebd..
[151] Ebd..

Schmitz-Lausitz wird dagegen als nicht überzeugend empfunden. Dieser Mangel wird dem Dichter angelastet, der in seiner Anweisung an den Regisseur geschrieben hatte: „Alles, was das Kleinbürgerlich-Provinzielle, Drittklassige und damit eben das Neidisch-Rachsüchtige an der Gestalt unterstreicht, verstärkt die Figur."[152]

In der „Süddeutschen Zeitung" wird dagegen gehalten: „So war das nämlich nicht. [...] Nein, so klein war dieser Teufel nicht, sonst wären wir, sonst wäre die Welt wohl eher mit ihm fertig geworden!"[153] Die Schwäche dieser Figur wird in Bezug gesetzt zur Oderbruch-Debatte.

> „Das aber geht auf Kosten des Oderbruch. [...] Denn Oderbruchs Tat und ihre Mittel rechtfertigen sich daraus, daß er eben gegen ‚den Teufel' auf dieser Welt kämpfen muß [...]. Und wenn das Publikum nicht fühlt, daß dieses durch den Teufel [...] bedingte Mittel hier, am äußersten Rand der Ausweglosigkeit [...] gebraucht wird, [...]dann ist ihm nicht zu helfen."[154]

Der Kritik fällt darüber hinaus auf, daß Harras so sehr in den Mittelpunkt der Inszenierung gerückt wird, daß „die ihn umgebenden Figuren manchmal [...] zu stark typisiert sind."[155] In die gleiche Richtung wird im „Echo der Woche" argumentiert:

> „Alle [...] Schauspieler zeigen, daß die historisch einmalige menschliche Situation sie mehr interessiert als das Menschliche an

---

[152] J.A.: Dolchstoß durch Oderbruch? Carl Zuckmayer zur Diskussion über „Des Teufels General". In: *Die Welt* (28.02.1948).
[153] N.N.: In den Kammerspielen; a.a.O..
[154] N.N.: In den Kammerspielen; a.a.O..
[155] Dr. Ho.: In den Kammerspielen: Carl Zuckmayer: „Des Teufels General". In: *Münchener Merkur* (27.02.1948).

sich. Das zweite vermögen sie kaum glaubwürdig darzustellen. [...] Sie werden unverbindlich oder unecht."[156]

Von dieser Kritik ausgenommen wird nur Maria Koppenhöfer, welche die Olivia Geiß darstellt. Von Adolf Gondrell in der Rolle des Schmitz-Lausitz heißt es: „Das Dämonische mißlingt"[157]. Doch wird die Kritik sogleich mit einem interessanten Gedanken eingeschränkt. "Allerdings wird diese Gestalt von nun an wohl immer nur noch lächerlich wirken; denn wir neigen dazu, Dämonen, die wir abgetan glauben, auszulachen."[158]

Insgesamt wird die Inszenierung von der Kritik als durchwachsen angesehen. Darüber hinaus kann festgestellt werden, daß die Figur des Chefingenieurs intensiver besprochen wird. Eine Fixierung auf die Antagonisten Harras und Schmitz-Lausitz ist nicht mehr feststellbar. Auffallend ist jedoch, daß die Figur des Hartmann keinerlei Erwähnung findet, obwohl ihr in der Diskussion neben Harras und Oderbruch eine Hauptrolle zugewiesen wird. Als Erklärung könnte die Tatsache dienen, daß an dieser Diskussion besonders viele junge Menschen teilnehmen, für die Hartmann zu einer Identifikationsfigur geworden ist. Der Blick auf die Münchener Diskussion, soll unter anderem diesen Punkt näher beleuchten.

Bei der Analyse des Materials zu Zuckmayers Diskussion mit der Münchener Jugend fällt vor allem der erneute Verzicht auf Fragen dramaturgischer und dichterischer Art auf. Die Auseinandersetzung dreht sich um die ganz konkrete Bedeutung, welche die Aussage des Stückes für die Lebenswirklichkeit der

---

[156] St.: Naturalistische Darstellungsweise. Über die Münchener Aufführung von „Des Teufels General". In: *Echo der Woche* (06.03.1948).
[157] Ebd..
[158] Ebd..

jungen Menschen haben kann. Deshalb ist es den Anwesenden auch so wichtig, zunächst einmal die strittigen Punkte mit dem Dichter zu besprechen. Sie wollen von Zuckmayer die klassische Frage des „Was will der Autor uns sagen?" beantwortet haben. Erst dann rückt die jenige Figur in den Mittelpunkt der Diskussion, die ihnen allen am nächsten steht. Das Gespräch über Leutnant Hartmann wird zum Anlaß, über die Zukunft der deutschen Jugend im Allgemeinen zu reden.

Zuckmayer bezieht zu den an ihn gestellten Fragen klar Stellung. Zunächst wird die Frage an ihn gerichtet, ob „mit der positiven Zeichnung der Gestalt des Generals Harras nicht im Volk der Gedanke einer falschen Rehabilitierung (der) ganzen Generalität entstehen [müsse]"[159]. Zuckmayer verneint dies mit der Begründung, daß er keinen Typen sondern einen Menschen habe schaffen wollen.

> „In dem ganzen Stück kann und darf man keine falsche Rehabilitierung sehen. [...] ich wollte nur zeigen, daß es auch Menschen gab, denen selbst unter Hitlers Uniform ein menschliches Herz schlug. Und die Rehabilitierung dieser Menschen habe ich allerdings gewollt und gemeint."[160]

Einmal mehr weist er damit die Interpretation zurück, die Figur des Harras stehe für die Generalität oder sogar für den Deutschen an sich. Ob Zuckmayers Forderung, Harras Geschichte als Einzelschicksal zu interpretieren, sehr realistisch ist, bleibt jedoch fraglich. Die Analyse zeigt, daß genau diese Auslegung von der Öffentlichkeit nicht angenommen wurde.

Mit Oderbruch rückt eine Figur in den Mittelpunkt, die noch sehr viel umstrittener ist als die des General Harras. Während

---

[159] Hepp, Fred: Diskussion mit Zuckmayer. In: *Rheinischer Merkur* 11 (13.03.1948).
[160] Ebd..

der Diskussion zeigt sich, wie wenige sein Handeln für nachvollziehbar halten. Die Frage wird laut, „ob denn unter der Parole, daß der Zweck die Mittel heilige, Hunderte von Kameraden in den Tod geschickt werden dürfen?"[161] Zuckmayer versucht zu erklären, warum er Oderbruch so handeln läßt. Es fällt auf, daß auch hier verlangt wird, in Oderbruch den einzelnen Menschen zu sehen.

> „Oderbruch will ja nicht das herbeiführen, was wir jetzt in Deutschland haben. Er will, daß es einfach aufhört. Er ist kein finsterer Verschwörer, oder der Widerstand schlechthin. Er lebt in der Verzweiflung eines Menschen, der gegen sein eigenes Volk und selbst gegen seine besten Freunde kämpfen muß, weil er sieht, daß der Sieg seines Volkes die Permanenz des Bösen wäre."[162]

Zuckmayer verteidigt Oderbruchs Verhalten. Er stößt jedoch an seine Grenzen, denn er selbst gibt zu, dessen Weg nicht gehen zu können[163]. Als religiöser Mensch lehnt er sogar den Selbstmord ab und weist darauf hin: „Harras gebe ich zum Schluß doch noch eine Chance zum Leben, weil die Maschine mit kleiner Wahrscheinlichkeit nicht abzustürzen braucht."[164] Da noch nicht einmal Zuckmayer als der Autor das Verhalten seiner Figur nachvollziehen kann, ist die fehlende Überzeugungskraft Oderbruchs leicht zu verstehen.

Bei der Figur des Leutnant Hartmann gibt es für die Anwesenden keinerlei Zweifel dieser Art. Es fällt deshalb leicht sich mit ihr zu identifizieren. Auch die Unsicherheit des Leutnants, welcher Weg einzuschlagen sei, da er sich von den als falsch er-

---

[161] Ott/Pfäfflin: Marbacher Katalog 49; a.a.O., S. 347.
[162] Hepp: Diskussion mit Zuckmayer; a.a.O..
[163] Vgl. J.A.: Nochmals Oderbruch. In: Die Welt (02.03.1948).
[164] Hepp: Diskussion mit Zuckmayer; a.a.O..

kannten Idealen abwendet, teilen viele. Ein Berichterstatter faßt dies so zusammen:

> „Unsere Kriegsgeneration weiß, gleich Hartmann, was falsch war, aber oft noch nicht, was recht ist. Viele haben während des Krieges keinen Harras gefunden und waren allein. Neben selbstsicheren und klaren Antworten hörte man jetzt in der Diskussion manchmal zagende und auch unverständliche Fragen."[165]

Ein anderer Beobachter berichtet von seinem Eindruck, die Jugend sei den Älteren einen Schritt voraus.

> „Dies wurde deutlich, als sich einmal ein etwa Fünfzigjähriger erhob und nicht frei von Pathos mit Brusttönen in die Diskussion eingriff. Seine Worte schwebten wie Fremdkörper im Raum und hinterließen in dieser gereinigten Luft einen peinlichen Geschmack."[166]

Er vergleicht die Diskussion mit derjenigen junger Studenten nach dem ersten Weltkrieg und kommt zu dem Schluß, daß sie im Gegensatz zu der von 1918 frei sei von Schlagworten und parteipolitischer Doktrin.

> "Fragend selbstkritisch melden sie sich zu Wort, und man konnte nicht übersehen, daß hinter ihrer Skepsis und Nüchternheit der Drang nach Wahrheit glühte und die Erkenntnis, daß ein gänzlich neuer Weg gefunden werden müsse."[167]

Zuckmayer gelingt es durch seine Worte das Vertrauen der hauptsächlich jungen Menschen zu gewinnen. Er berichtet von seinem Besuch in Dachau, wo er mit ehemaligen Angehörigen der SS ein Gespräch geführt hat. Es hat in ihm die Hoffnung auf die Zukunft geweckt. Er sagt:

---

[165] Hepp: Diskussion mit Zuckmayer; a.a.O..
[166] Ott/Pfäfflin: Marbacher Katalog 49; a.a.O., S. 347.
[167] Ebd., S. 347.

> „Mein Eindruck ist [...], daß der überwiegenden Mehrheit dieser jungen Menschen heute ein gewisses Unrecht geschieht. Sie haben aber erkannt, daß sie einem Unrecht halfen, und daß sie heute die Konsequenz tragen, die getragen werden muß. Diese jungen Leute können heute mit uns von der alten Generation zusammen Neues schaffen und aufbauen."[168]

In seinem Artikel „Germania est omnis divisa"[169] betont Zuckmayer erneut seine Überzeugung, Vertrauen in diejenigen zu setzen, die sich für eine Abwendung vom Nationalsozialismus entschieden haben.

> „Man soll die Überzeugungskraft und die Bedeutung dieser Gewandelten nicht unterschätzen, denn oft gibt gerade die Wandlung eines Menschen erst das Bewußtsein der Verantwortlichkeit und der tieferen Pflicht."[170]

Wie Zuckmayer zu dieser Einschätzung gelangt, berichtet er in einem Brief an Berthold Viertel vom 31.03.1948. Er unterscheidet zwischen jüngeren und älteren Diskussionsteilnehmern, wobei er den jüngeren eine positiv zu bewertende Einstellung bescheinigt. Diese Tendenz wurde in den Berichten über die Münchener Veranstaltung (s.o.) bereits festgestellt. Zuckmayer faßt die Aussagen der Jüngeren folgendermaßen zusammen:

> „„Glauben sie mir" sagte einer in der Diskussion, - „ich spreche für die Mehrzahl meiner Kameraden, - wir sind keine Nazis mehr. Wir wissen heute, daß Hitler ein Verbrecher war, - es hat uns jedoch zwei Jahre gekostet, voll Nachdenken, Diskutieren und Prüfen, bis wir das erkannt haben. Ich glaube nicht, daß diese zwei Jahre gegen uns sprechen.""[171]

---

[168] J.A.: Nochmals: Oderbruch; a.a.O..
[169] Zuckmayer: Germania est omnis divisa; a.a.O..
[170] Ebd..
[171] Ott/Pfäfflin: Marbacher Katalog 49; a.a.O., S. 245.

Zuckmayer äußert sich auch zu seinem Eindruck über die Älteren.

„Unter den Älteren, die Nazis waren, ist das Bild weniger hoffnungsvoll: [...] Viele waren ganz unehrlich und verschlagen, - ein paar allerdings sehr aufgeschlossen, - aber der Durchschnitt borniierter und natürlich auch schuldbewußter und dadurch verstockter als die Jungen."[172]

Vielleicht ist dieses Erlebnis mit dafür verantwortlich, daß Zuckmayer sich bis zu seinem Herzinfarkt verstärkt für die deutsche Jugend einsetzt. Er fordert öffentlich dazu auf, ihr Vertrauen zu schenken. In seiner Rede auf der Internationalen Jugendkundgebung im Juni des selben Jahres appelliert er an die Welt, sie mit allen erdenklichen Mitteln zu unterstützen.

„Ich halte die deutsche Jugend weder für verdorben, noch für krank noch für verloren. Die ganze Welt sollte dieser Jugend helfen, nicht nur materiell sondern vor allem geistig durch Schenkung von Büchern und Lehrmitteln und Ermöglichung von Auslandsstudium und ähnlichem."[173]

Zuckmayer entläßt seine Zuhörer aus dem Münchener Rathaus mit der Beantwortung auf die Frage, was er mit seinem Stück wollte.

„Ich wollte, daß Ihr nicht noch einmal jemanden blind gehorcht und blinden Glauben schenkt, nicht noch einmal Massenparolen nachläuft; daß Ihr prüft, wägt, sichtet, erkennt und nur das tut, was recht ist, auch wenn es den herrschenden Mächten widerspricht."[174]

---

[172] Ebd., S. 345.
[173] J.A.: Diskussion der Weltjugend. Zuckmayer: „Wir müssen nach vorn sehen!". In: *Die Welt* (15.06.1948).
[174] Hepp: Diskussion mit Zuckmayer; a.a.O..

Er fordert dazu auf, sich politisch zu engagieren und aktiv am Aufbau des neuen Staates mitzuhelfen.

> „Jetzt kommt es auf den Einzelnen an [...]. Die Militärregierung kann keine Demokratie bringen, höchstens die äußeren Formen. [...] Demokratie beginnt mit der Revolution im Menschen selbst, mit Kritik über sich selbst und andere. [...] Wenn mein Stück nur den Willen erweckt, das Richtige zu finden, dann bin ich glücklich, es geschrieben zu haben."[175]

Zum Schluß dieses Kapitels soll auf die Besprechung einer Diskussion eingegangen werden, die im Juli 1948 in Berlin stattfand. Es handelt sich um einen Artikel aus der „Neuen Zeit"[176] vom 31.07.1948.

V.5 Abschließend: Diskussion in Berlin

In Berlin diskutiert die Jugend mit Peter Suhrkamp und dem Regisseur Boleslav Barlog. Die während der Diskussion gewonnenen Eindrücke schildert der Autor folgendermaßen:

> „Symptomatisch [...] für die ganze heutige junge Generation [ist] ihre [...] Suche nach geistigen Dogmen, Prinzipien, nach klarer Entscheidung: weiß oder schwarz [...], nach eindeutiger Bejahung oder Verneinung. Die Jungen zeigten ihre geistige Hilflosigkeit in Bereichen, die scheinbar grenzen- und gesetzlos sind."[177]

Stärker als bisher wird in diesen Worten deutlich, daß die Jugend noch orientierungslos ist und eine Lücke klafft, wo vorher die nationalsozialistische Ideologie Denken und Verhalten bestimmte. Die einzige Möglichkeit, diese Lücke zu schließen, be-

---

[175] Ebd..
[176] Bob.: Die Jugend, Harras und Oderbruch. Diskussion in Steglitz um Zuckmayers „Des Teufels General. In: Neue Zeit (31.07.1948).
[177] Bob.: Die Jugend; a.a.O..

steht in den Augen des Autors darin, den jungen Menschen zu helfen ihren Weg zu finden. Dafür werden Menschen mit einer starken Persönlichkeit benötigt, die mit ihrem Beispiel der Jugend Orientierung geben.

> „Es war gut, daß sich in dieser Diskussion Menschen fanden, die die Gabe und das Wissen einer Persönlichkeit hatten, um den jungen noch irrenden Menschen [...] Einhalt und Weg zu weisen zu nichts anderem, als zum Verstehen der wirklichen Zusammenhänge unseres Lebens."[178]

---

[178] Ebd..

VI. Die Diskussion um den Rückzug des Stückes 1963 und seine Inszenierung durch Hilpert in veränderter Fassung im Jahr 1967

VI.1 Der Rückzug des Stückes 1963

Zuckmayer veranlaßt im Frühjahr 1963 den Rückzug einer Wiederaufnahme seines Dramas „Des Teufels General" in der Stadt Baden-Baden. Von seinem Wohnort Saas-Fee in der Schweiz aus, veröffentlicht er am 15.03.1963 eine Erklärung, in der er versucht, seine Entscheidung zu begründen. Zuckmayer beginnt sein Statement mit der Versicherung, daß er zu seinem Drama „heute wie damals restlos und ohne Einschränkung stehe."[179] Als Grund für seine Intervention gibt er die „verschiedenen innenpolitischen Vorfälle und Auseinandersetzungen des letzten Jahres"[180] an. (Es kann angenommen werden, daß Zuckmayer sich auf den Eichmann bzw. Auschwitz Prozeß bezieht.) Er befürchtet „das Stück [sei] (...) als Entschuldigung eines gewissen Mitmachertypus mißzuverstehen."[181]

Es fällt schwer, Zuckmayers Argumentation nachzuvollziehen, denn schon im nächsten Abschnitt spricht er der Bevölkerung, insbesondere der Jugend, sein Vertrauen aus und weist darauf hin, „daß die heutige Jugend ein [...] starkes Interesse und waches Verständnis für dieses Stück aufbringt"[182]. Das Aufführungsverbot erstreckt sich seiner Erläuterung nach aus diesem Grund auch nicht auf Laiengruppen.

---

[179] Zuckmayer, Carl: „Des Teufels General". Eine Erklärung. In: *Neue Züricher Zeitung* 81 (23.03.1963).
[180] Ebd..
[181] Ebd..
[182] Ebd..

> „Ich habe vor kurzem eine Laienaufführung durch Schüler ohne Zögern genehmigt, und ich bin überzeugt, daß man sehr bald das Stück auch wieder der breiten Oeffentlichkeit des Theaters und dem Meinungskampf der Tagespresse bedenkenlos präsentieren kann."[183]

Warum Zuckmayer das Stück nur an öffentlichen Theatern nicht gespielt sehen möchte und weshalb er es überhaupt zurückzieht, ist in meinen Augen schwer zu verstehen, da er nicht eindeutig begründet, wer denn sein Stück mißverstehen könnte. Von der breiten Öffentlichkeit, auf die es ihm bisher immer angekommen war, nimmt er dies ja nicht an.

Auch die Presse ist von Zuckmayers Argumentation irritiert. In der „Süddeutschen Zeitung" wird darauf hingewiesen, daß die Problematik des Stückes nicht neu sei. „Schon 1948 mußte endlos diskutiert, erklärt, zurechtgerückt werden."[184] Weiter heißt es:

> „Wenn der Dramatiker Zuckmayer damals ohne jede Scheu seinem Impuls folgte: auszugleichen und gerecht zu urteilen (natürlich auch Mißverständnisse in Kauf nehmend) – dann sollte er sich jetzt um Himmelswillen nicht darauf versteifen, falsche Nebentöne oder unbeabsichtigte Wirkungen zu ersticken."[185]

Es wird außerdem das Argument angebracht, die Zuckmayer Dramen existierten seit vielen Jahren in etlichen Ausgaben. Deshalb habe „es [...] sich längst von ihm abgelöst."[186] Der Sinn des Rückzuges wird angezweifelt und als unsinnig hingestellt,

---

[183] Ebd..

[184] Kaiser, Joachim: Muß Harras heute schweigen? Zu Zuckmayers Aufführungsverbot seines Schauspiels „Des Teufels General". In: *Süddeutsche Zeitung* 68 (20.03.1963), S. 8.

[185] Ebd..

[186] Ebd..

wie die folgende Formulierung zeigt. „Zuckmayers Dramen sind auf der Welt, was nützen jetzt Verhütungsmittel?"[187]

Zur Freigabe seines Dramas gibt Zuckmayer ein Interview, welches am 3.3.1965 in den „Ruhr-Nachrichten" erscheint. Zuckmayer wird gefragt, ob er das Verbot noch aufrecht erhalte. Dieser verneint und gibt als Begründung an: „[D]as ist schon lange vorbei – ich wollte nur seinerzeit während der besonderen Spannung [...] nicht, daß das Stück in schiefe politische Diskussion geriet."[188] Es muß angenommen werden, daß Zuckmayer seine persönliche Einschätzung nicht vollkommen offenlegt. Wenn für ihn das Thema mit der erneuten Zulassung der Aufführung von „Des Teufels General" wirklich erledigt gewesen wäre, hätte es keinen Anlaß gegeben, eine Neufassung des Stückes zu schreiben. Doch Zuckmayer nimmt insbesondere an seinem vielkritisierten Dialog zwischen Harras und Oderbruch entscheidende Änderungen vor. Warum Zuckmayer das Stück umschreibt, ist schwer zu verstehen. Als Erklärung könnte dienen, daß er seinen ‚Oderbruch-Komplex' nicht überwinden konnte und den Gedanken nicht ertrug, man werde immer glauben aus dem Saboteur spreche der Autor selbst.

VI.2 Die Berliner Hilpert-Inszenierung im Jahr 1967

Zu Ehren von Zuckmayers 70. Geburtstag wird das Drama von Hilpert erneut inszeniert, diesmal am Berliner Schiller Theater und in der neuen Fassung. Die Inszenierung wird von der Mehrheit der Kritiker abgelehnt. Dies hängt in erster Linie mit der Ablehnung des Dramas als solchem zusammen. Ein Teil spricht

---

[187] Ebd..
[188] Ringelband, Wilhelm: Opas Theater ist noch nicht tot. Ein Gespräch mit Carl Zuckmayer. „Des Teufels General ist wieder frei. In: *Ruhr-Nachrichten* (03.03.1965).

sich sogar dagegen aus, das Stück überhaupt noch aufzuführen. „Zuckmayer sollte, ist er gut beraten, dieses Schauspiel doch nicht mehr spielen lassen."[189]

Begründet wird diese Ansicht mit der Meinung, das Drama sei „eine Sympathieerklärung, [...] eine Gloriole für die Hauptfigur."[190] Mit der Änderung des Textes habe Zuckmayer diesen Eindruck noch verstärkt. Oderbruch, „der wahre Widerstandskämpfer, [werde] durch ein paar textlich neu gefügte Sätze eher diffamiert und in Frage gestellt"[191]. An anderer Stelle wird von der „harte[n] und kompromißlose[n] Haltung, die Zuckmayer damals Oderbruch gab"[192], gesprochen. In der ursprünglichen Fassung stellt Oderbruch den Weg der Sabotage als den der einzigen Möglichkeit dar. Er verteidigt den Tod von Kameraden als unausweichlich und gibt zu verstehen, daß er selbst sich opfern würde, falls dies nötig sei. Als Harras protestiert, fragt er ihn: „Wissen Sie einen anderen Weg?" und Harras antwortet: „Wenn ich ihn wüßte, dann wüßten ihn Millionen."[193] In der Fassung von 1967 ändert Zuckmayer Oderbruchs Argumentation. Er rechtfertigt sich Harras gegenüber nun mit der Behauptung: „Ich habe den Mord nicht gewollt. Ich hätte es nie für möglich gehalten, daß flugkranke Maschinen zum Einsatz kommen, ohne überprüft zu werden."[194]

---

[189] Luft, Friedrich: Gloriole für Mitläufer. Im Berliner Schiller Theater: Zuckmayers „Des Teufels General". In: *Die Welt* 20 (24.01.1967).
[190] Ebd..
[191] Ebd..
[192] Andreotti, M.: Zuckmayers Alibi für Generale. In: *Tatsachen* 7 (18.02.1967), S. 9.
[193] Marbacher Katalog 49; a.a.O., S. 352.
[194] Ebd..

Zuckmayer wird für diese Änderungen kritisiert, da man davon ausgeht, daß die Diskussion um das Stück damit „gegenstandslos geworden"[195] sei.

> „Aus der harten Logik seines [Oderbruchs, d. Verf.) Verhaltens wurde nun ein unglücklicher Zufall. Schlimmer noch: der General nimmt diese Mitteilung nicht mehr staunend entgegen, diese Haltung akzeptierend, aber [...] auch keinen Rat wissend [...]. Harras versteht jetzt nicht nur, er erteilt Oderbruch auch noch Ratschläge, die er wörtlich als sein ‚Testament' deklariert. [...] Oderbruch und seinesgleichen sollten doch nicht die Äste eines Baumes abschlagen, sondern die Hand an die Wurzel legen, an Hitler." [196]

Die Frage, ob der Zweck die Mittel heilige, stellt sich der Öffentlichkeit nun nicht mehr. Harras selbst weist Oderbruch zurecht und gibt ihm die einzig richtige Lösung vor. In der ursprünglichen Fassung war dagegen deutlich geworden, in welcher verzweifelten Lage sich Oderbruch befindet, da Harras ihm keine Antwort auf die Frage geben kann, ob er einen anderen Weg wisse. An der Kritik der Presse ändert auch Hilperts Regie nichts. Die Schwächen der Inszenierung werden ihm kaum angelastet. Es wird überwiegend davon ausgegangen, daß der Zeitfaktor die entscheidende Rolle gespielt habe. So heißt es zum Beispiel: „die Dialoge tragen das Stück eben nicht mehr, da ist alle Regiekunst umsonst."[197]. Die Dialoge überzeugen nicht mehr, da inzwischen zwanzig Jahre vergangen sind.

> „'Des Teufels General' trifft heute auf eine Bewußtseinsänderung wie sie von Generation zu Generation stattfindet – die Dreißigjäh-

---

[195] Luft: Gloriole für Mitläufer; a.a.O..
[196] Andreotti: Zuckmayers Alibi; a.a.O..
[197] Karsch, Walter: Wiedersehen mit General Harras. Heinz Hilpert inszenierte Carl Zuckmayers „Des Teufels General" im Schiller Theater. In: *Der Tagesspiegel* (24.01.1967).

rigen von heute, also fast der halbe Theatersaal, sehen das Stück zum erstenmal, sie sind in einer völlig veränderten Welt groß geworden, die Welt auf der Bühne und ihr Zungenschlag sind uninteressant geworden"[198].

Nicht nur für die Jugend ist die Welt eine andere. Die Sprache des Dramas, die 1948 noch als „wahre Geistersprache"[199] gelobt wurde, zeigt nicht mehr die damalige Wirkung. „Gewiß, der Harras ist noch immer eine interessierende Figur; doch was damals aus seinem Munde kraftvoll, verwegen, angreiferisch und klug klang, das hört sich heute nicht selten forciert, phrasenhaft, ja sogar papieren an."[200] Selbst Zuckmayer der noch 1963 vom „starke[n] Interesse und wache[m] Verständnis"[201] der Jugend an seinem Stück gesprochen hatte und ihm 1965 „Zeitlosigkeit"[202] bescheinigte, muß dies erkennen. Bereits 1968 schreibt er an Karl Barth:

> „[D]ie vitale ‚Aktualität', die es vor 20 Jahren hatte, ist dahin. Die politischen Witze des Harras, die damals noch eine bittere Schärfe oder auch Kühnheit hatten, werden heute kaum mehr verstanden. Wenn er damals sagte: ‚Das walte Himmler', so schreckte man immer noch zusammen."[203]

---

[198] Lenning, Walter: Zuckmayers läßlicher Irrtum. Das Wiedersehen mit „Des Teufels General" mußte enttäuschen. In: Sonntagsblatt 6 (05.02.1967).
[199] N.N.: In den Kammerspielen; a.a.O..
[200] Karsch: Wiedersehen mit General Harras; a.a.O..
[201] F.A.Z.: Zuckmayers Begründung. Vorerst kein „Teufels General". In: Frankfurter Allgemeine Zeitung 67 (20.03.1963).
[202] Ringelband: Opas Theater; a.a.O..
[203] Marbacher Katalog 49; a.a.O., S. 353.

VII. Frank Castorfs Inszenierung von „Des Teufels General" in der öffentlichen Diskussion des Jahres 1996

1996 jährt sich Carl Zuckmayers Geburtstag zum hundersten mal. Sein Leben und Werk rücken dadurch wieder verstärkt in das Blickfeld des öffentlichen Interesses. Im September des gleichen Jahres inszeniert Frank Castorf „Des Teufels General" an der Berliner Volksbühne. Dies stellt einen historischen Moment dar, da das Stück zum ersten mal in der Geschichte in einem Theater auf dem Gebiet der ehemaligen DDR gespielt wird.

Das Stück war seit seiner Uraufführung 1946 in Zürich in der sowjetischen Besatzungszone höchst umstritten und wurde auch dann nicht zur Aufführung frei gegeben, als das Aufführungsverbot in den westlichen Zonen aufgehoben wurde. Das heißt jedoch nicht, daß man sich nicht öffentlich mit dem Stück auseinandersetzte. Es wurde als nicht eindeutig antifaschistisches Drama gebrandmarkt und sowohl Paul Rilla als auch Herbert Ihering sprachen sich gegen es aus. Rilla verurteilt das Stück in seiner Gesamtheit. Zuckmayer erreiche nicht die „kalte Tatsächlichkeit (welche jedoch der Emigrant Brecht nicht verfehlt ha[be])"[204].

> „Worüber wird die Jugend belehrt? Daß es prächtig ist, dabeizusein, wenn es ‚richtig losgeht' und wir der Welt ‚was zu bieten' haben, daß aber einer, der sich mit Haut und Haar an die Praxis der schlechten Sache verkauft hat, nur ein paar Witze über die quasi theoretische Seite vorrätig zu haben braucht, um sich im Rampenlicht der Nachwelt zu behaupten."[205]

---

[204] Rilla, Paul: Zuckmayer und die Uniform. In: Glauert, Barbara (Hrsg.): *Carl Zuckmayer. Das Bühnenwerk im Spiegel der Kritik*. Frankfurt a. M. 1977, S. 258.
[205] Ebd. S. 265f..

Ihering argumentiert gegen die Aufführung, lehnt das Stück als solches jedoch nicht völlig ab.

„Wenn heute ein Theaterdirektor darauf verzichtet, Zuckmayers „Des Teufels General" zu spielen, so gehört Mut und Einsicht dazu. [...] Es ist gewiß keine erfreuliche Situation, daß wir ein saftiges Werk zurückstellen sollen, weil die falschen Biedermänner und Naziprovokateure es verfälschen und ihre Ideologie ihm anhängen wollen. Tatsache aber ist es und geschieht täglich, wo es gespielt wurde."[206]

Selbst zehn Jahre später, im Jahr 1957, bietet das Drama noch eine Reibungsfläche dar. Hedda Zinner fühlt sich berufen, ein Gegendrama mit dem Titel „General Landt" zu schreiben. Als Vorlage dient ihr der Roman „Die den Wind sähen" von Martha Dodd, einer Diplomatentocher, deren „Vater William Dodd [...] von 1933 bis 1937 amerikanischer Botschafter in Berlin"[207] war. Als Grund für die Entstehung des Stückes gibt Zinner an: „Dieses gut gebaute, publikumswirksame Stück [...] weckte meinen Protest: Es verzerrt die menschliche, die gesellschaftliche und die historische Wahrheit."[208] Ihrer Meinung nach müsse die Schlußfolgerung des Zuschauers sein: „all die braven, ach so menschlichen Hitlergener[ä]le und Kriegsverbrecher haben nur an einer Schuld zu tragen, die gar nicht die ihre ist, sie sind getrieben, sind Opfer..."[209]. Es kann nur gemutmaßt werden, ob die Verfilmung des Stoffes 1955 durch Helmut Käutner mit Curd Jürgens in der Rolle des Harras ein Auslöser für Zinner war, sich mit Zuckmayers Stück auseinanderzusetzen. Für Frank Castorf spielt dieser Film bei der Einschätzung des Dramas und

---

[206] Ott/Pfäfflin: Marbacher Katalog 49; a.a.O., S. 342.
[207] N.N.. Der Anti-Teufelsgeneral. In: *Der Spiegel* (3.7.1957).
[208] Ebd..
[209] Ebd..

seiner Hauptfigur die zentrale Rolle. Die Darstellung des Harras durch Jürgens kritisiert er mit folgenden Worten: „Der hat das Stück zu einer erotisch-militaristischen Ein-Mann-Kostümschau degradiert, die an ihrer Süffigkeit erstickt."[210] Castorf glaubt,

> „das Stück (treffe) das Bewußtsein der fünfziger Jahre der Bundesrepublik [...], vor allem was die Einfachheit der Geschichtssicht angeht: der schwarz gewandete Gestapo-Kulturleiter, erkennbar in seiner Schuftigkeit als Täter, und der Luftwaffenchef Harras als Opfer."[211]

Folglich konzentriert sich Castorf mit seiner Inszenierung darauf, den Mythos des General Harras zu zerstören. Er benutzt dazu das Mittel des Geschlechter- und Rollenwechsels. General Harras wird im ersten Akt von Corinna Harfouch gespielt, im zweiten und dritten von Bernhard Schütz. Castorf begründet seinen Regieeinfall mit folgenden Worten:

> „Wenn man die kostümierte Militärpsychologie zerschlägt und sie verlängert ins Psychopathogene, deshalb auch der Geschlechtertausch in der Besetzung, zerschlägt man die Gefährlichkeit dieser Identifikationssoße"[212].

Die öffentliche Auseinandersetzung soll nun erneut in das Blickfeld rücken. Zunächst stehen zwei Artikel im Mittelpunkt, die sich mit Zuckmayers Leben und Werk auseinandersetzen, um einen allgemeinen Eindruck von der Stimmung gegenüber Zuckmayer im Jahr 1996 zu erhalten. Im Anschluß daran wird

---

[210] Clausen, Christine: Café Abgrund auf dem Mond. Frank Castorf inszeniert „Des Teufels General" - Carl Zuckmayers erfolgreiches Mitläufer-Drama, das den Deutschen zur Entsühnung diente. In: *Stern Magazin* Heft 43 (17.10.1996), S. 208/209.
[211] Tiedemann, Kathrin: Ich bin fremd in dieser Gesellschaft, weil sie keinen pädagogischen oder utopischen Auftrag hat. In: *Freitag* Heft 44 (25.10.1996), S. 11.
[212] Ebd., S. 11.

die Rezeption der Castorf Inszenierung ins Zentrum der Aufmerksamkeit rücken.

In der „Süddeutschen Zeitung" wird ein differenziertes Bild Zuckmayers gezeichnet. Gegenüber harscher Kritik an seinem Stück „Des Teufels General" und damit an seiner Person wird für Zuckmayer Partei ergriffen. Zu Anfang werden folgende Fragen gestellt:

> „Warum wurde, wenn alles so indiskutabel ist, ‚Des Teufels General' zum größten Theatererfolg der Nachkriegsjahre? Erregt – natürlich kontrovers, immer ernsthaft – diskutiert wie kaum ein zweites seitdem? Waren die Leute, die den Konflikt aus dem Stück noch in den Knochen spürten, bescheuert wegen zu großer Nähe?"[213]

Podak kommt zu dem Schluß, daß man es sich mit dieser Annahme zu einfach mache. Vielmehr müsse man beachten, daß

> „Zuckmayer unfähig war als Ideologe, Theoretiker, Philosoph, Verallgemeinerer. [...] Wenn er Grundsätze formuliert, dann geraten sie ihm oft zu etwas hausbackenen Maximen – die sehr sympathisch sind. Etwa: „Ich kann nicht hassen." Ein solcher Satz bedeutet aber überhaupt nicht, daß er nicht genau und kompromißlos gewußt hätte, auf welcher Seite sich die Unholde, die Verbrecher, die Mörder befanden."[214]

Auf ähnliche Weise wird in einem Artikel des „Focus" Zuckmayers Rolle im Prozeß der Vergangenheitsbewältigung während der Nachkriegszeit positiv bewertet. „Das Stück löste ihnen [den Deutschen] die Zunge, und in einer eruptiven Erregung begann man, zum erstenmal über die eigenen Vergangenheit zu spre-

---

[213] Podak, Klaus: Lebt: aus Trotz! Lebt: aus Wut! ein unzeitgemäßer ist zu feiern – zum 100. Geburtstag Carl Zuckmayers. In: *Süddeutsche Zeitung am Wochenende 299* (28./29.12.1996).
[214] Podak: Lebt: aus Trotz!; a.a.O..

chen."[215] Etwas später wird auf Zuckmayers besonderes Engagement hingewiesen:

> „Zuckmayer hat sich diesen Diskussionen, vor allem mit Schülern und Studenten, bereitwillig gestellt und damit zur Bildung eines politischen und moralischen Bewußtseins beigetragen, das für den demokratischen Neubeginn unschätzbar wichtig war."[216]

Die teilweise sehr abwertende Kritik an dem Stück „Des Teufels General" als solchem im Zuge der Castorf Inszenierung ist nach Meinung Podaks nicht nachzuvollziehen.

> „Der Kritiker Stadelmaier sieht im Oktober 1996 eine offenbar mißglückte Inszenierung von „Des Teufels General" und streckt mit gekonntem Jagdhieb sogleich den Autor nieder. [...] Mit einem doppelten Genitiv mäht er das Stück um: „Der ‚General' ist längst in den Rieselfeldern der Vergangenheitsbewältigung der verlogenen Art versunken.""[217]

Er verlangt von der Kritik, ein differenzierteres Bild von Zuckmayer zu zeichnen und den historischen Kontext nicht beiseite zu lassen. Podak erhebt den Vorwurf: „Das flinke Verallgemeinern ist die intellektuelle Immunschwäche der Kritiker"[218].

Es läßt sich jetzt schon sagen, daß auch fünfzig Jahre nach der Uraufführung von „Des Teufels General" die Debatte erneut hitzig geführt wird. Die Geister scheiden sich noch immer an diesem Stück. In den Besprechungen der Castorf Inszenierung finden sich die oben genannten Positionen wieder. Das Drama wird polemisch als „erfolgreiches Mitläufer-Drama, das den Deut-

---

[215] Fuld, Werner: Als wär's ein Stück von ihm.... Drastischer Witz und vitaler Realismus – Wie kaum ein anderer trat Carl Zuckmayer gegen Untertanengeist und Spießbürgertum an. In: *Focus* 52 (1996), S. 132-133.
[216] Ebd..
[217] Podak: Lebt: aus Trotz!; a.a.O..
[218] Ebd..

schen zur Entsühnung diente"[219] abgetan. Man schreibt, das Stück ließe „keine der gängigen Lebenslügen und Klischees aus"[220] und vergleicht Zuckmayers Figurenzeichnung mit „Musterbiographien, die in ihrer Entlastungsfunktion wesentlich zum immensen Erfolg von „Des Teufels General" beitrugen."[221] Ein Teil der Kritiker glaubt jedoch, daß diese Einschätzung des Stückes zu einseitig ist. „Es wurde und ist selbst noch immer ein Stück unserer Geschichte. [...] Zuckmayer [...] gab Einblick in jene Gesellschaft, die jeden einzelnen nummerierte, ihm aber Heldenspiele im und fürs System erlaubte."[222]

Diejenigen Kritiker, welche die Inszenierung ablehnen, teilen sich in zwei Lager. Einerseits meint man, die Regie werde dem Stück nicht gerecht: „Für Regisseur Castorf bleibt Emigrant Zuckmayer ein naiver Persilschein-Aussteller für ein ganzes Volk von Verbrechern und Idioten."[223] Andererseits wird Castorf dafür angegriffen, die Figur des Harras nicht konsequent genug demontiert zu haben: „Aber jeder Ansatz zu einem notwendigen Schlag gegen die Figur des Harras wird vernichtet, jeder szenische Torpedo sofort entschärft. Castorf scheint über Gebühr fasziniert von dieser Gestalt."[224] Beide Einschätzungen lassen sich unter dem Oberbegriff ‚enttäuschte Erwartungen' zusammenfassen. Castorf wird vorgeworfen, die Möglichkeiten, die eine

---

[219] Clausen: Café Abgrund; a.a.O..
[220] Schreiber, Susanne: Des Teufels General in Berlin. Der Haudegen in Netzstrümpfen. In: *Handelsblatt* 207 (25./26.10.1996), S. G6.
[221] Schreiber: Des Teufels General; a.a.O..
[222] Rühle, Günther: Was sagen sie, Herr General? In: *Theater Heute* 11 (1996), S. 12.
[223] Wengierek, Reinhard: Berliner Volksbühne. Castorf verhunzt Zuckmayer. In: *Bayern Kurier* 43 (26.10.1996), S. 17.
[224] Stadelmaier, Gerhard: Papiertiger der Lüfte. Faß, Harras!: Frank Castorf ergibt sich an der Berliner Volksbühne Zuckmayers „General". In: *Frankfurter Allgemeine Zeitung* 244 (19.10.1996), S. 31.

Auseinandersetzung mit dem Stück im Jahre 1996 bietet, nicht vollkommen ausgeschöpft zu haben.

„So wird die einzigartige Gelegenheit vertan, 50 Jahre nach der einen, sechs Jahre nach Ende der anderen deutschen Gewaltherrschaft weiter zu reden über die entsetzlichen Verstrickungen von Gut und Böse, Widerstand [...] Opportunismus und Überleben in tödlicher Zeit."[225]

Die Inszenierung biete keine Einsicht in „die verborgenen Mechanismen einer Diktatur."[226] Die „intellektuelle Reflexion"[227] fehle und damit entstehe auf der Bühne nur der übliche „Volksbühnen-Mechanismus"[228].

„Was einst gezielt dosiert das Gehirn erhellte und Gemüt provozierte, ist längst zur theatralischen Massenware verkommen: die szenischen Endlosschleifen aus Brüllen, Kotzen, Kloppen, aus Beinespreizen und Miederstürmen, Tanzen und Tunten [...]."[229]

Bemängelt wird an Castorfs Regie des weiteren, daß sie keine neuen Erkenntnisse liefere. „[W]eil wir in der Volksbühne sind, trifft irgendwie jede Antwort zu, nur daß sie niemand gibt, am wenigsten die Inszenierung selbst."[230]

So erhält er zwar durchgehend Lob für den vorgenommenen Rollen- und Geschlechtertausch, wird gleichzeitig aber dafür kritisiert, die Psychologie seiner Charaktere nicht tief genug auszu-

---

[225] Wengierek: Berliner Volksbühne; a.a.O..
[226] Ritzmann, Kai: Probleme! Probleme! Frank Castorf inszeniert „Des Teufels General" in Berlin. In: *General-Anzeiger* 32469 (06.11.1996), S. 19.
[227] Dermutz, Klaus: Allemal animalisch. Frank Castorfs Sicht auf „Des Teufels General". In: *Frankfurter Rundschau* 244 (19.10.1996), S. 7.
[228] Brug, Manuel: Als wär's kein Stück von ihm. In: *Der Tagesspiegel* (19.10.1996), S. 21.
[229] Wengierek: Berliner Volksbühne; a.a.O..
[230] Ritzmann: Probleme! Probleme!; a.a.O..

loten. Dies gelingt ihm in den Augen der Kritiker nur bei der Figur des General Harras, die im ersten Akt durch Corinna Harfouch gespielt wird. Einhellig ist man der Meinung, daß es nur ihrer hervorragenden Leistung zu verdanken sei, daß die „gepanzerte Seele"[231] des Generals aufgebrochen werde und es möglich sei, „tief in sie hineinzublicken"[232]. „Castorf knackt die Ikonographie des jovialen Haudegens, [...] indem er Corinna Harfouch die Hauptrolle anvertraut. [...] Sie verleiht ihrem Harras psychische Kontur."[233]

Die übrigen Darsteller überzeugen die Kritik nicht im gleichen Maße. Für diesen Mangel wird jedoch in erster Linie der Regisseur verantwortlich gemacht. Er konzentriere sich zu sehr auf seine Hauptfigur.

> „Harfouch befreit die Figur von jedem Gefühlskitsch und karikiert deren doppelbödige Moral, aber dennoch bleibt ihr Harras immer ein wenig mehr Mensch, als all die anderen Figuren, die Castorf in seinem Polit- und Machtspektakel zu simplen Strichmännchen herabgesetzt hat."[234]

Die Fixierung auf Harras überrascht einen Teil der Kritiker. Man war davon ausgegangen, diese Figur sehr viel stärker angegriffen zu sehen (s.o.) - und nicht nur die Figur des Generals:

> „Frank Castorf nun hat das Drama ausgelacht und niedergemacht, das war nicht anders zu erwarten. Aber er ist dem Stück doch auch

---

[231] Ebd..
[232] Ritzmann: Probleme! Probleme!; a.a.O..
[233] Schreiber: Des Teufels General; a.a.O..
[234] Bittner, Helga: Frank Castorf knöpft sich diesmal „Des Teufels General" vor. Geölte Routine beim Zerstören der Mythen. In: *Westfälische Rundschau* 247 (19.10.1996).

auf den sentimentalen, den tragischen Leim gegangen – und das ist schon eine Überraschung."[235]

Vielleicht irritiert die Kritiker, daß anscheinend eine Demontage der strahlenden Harras Figur à la Curt Jürgens stattfindet, es aber zu keiner generellen Verurteilung der auf der Bühne handelnden Figuren kommt. Castorf versucht nicht nur, sich mit dem „Bewußtsein der fünfziger Jahre der Bundesrepublik"[236] auseinanderzusetzen, sondern auch mit der Kritik der 68er an der Vätergeneration.

„Leicht zu sagen: Ihr wart ein Volk der Täter, wenn man nicht selbst in einer totalitären Zeit lebt. Jeder Mensch hat den Urtrieb zu überleben, hat ein Recht auf Opportunismus, auf Schwäche. Sogar der Verrat hat etwas Menschliches."[237]

Darüber hinaus ist er sich durchaus der Tatsache bewußt, daß die Vergangenheitsbewältigung in der DDR ebenfalls durch Verdrängungsmechanismen geprägt war.

„und in der DDR [...] war's auch nicht anders: Alles geadelte Anti-Faschisten, Kommunisten und Juden, der konsequente Anti-Faschismus als Verleugnung der historischen Kontinuität zu der Zeit vor 1945."[238]

Castorfs Konzentration auf die Haudegengestalt Harras führt dazu, daß der vieldiskutierte Oderbruch Konflikt in den Hintergrund gerät. Die Figur wird von ihm aus dem Drama herausgelöst und tritt erst zum Ende auf, einen Monolog haltend und da-

---

[235] Henrichs, Benjamin: Der Teufel und der liebe Zuck. Premiere an der Berliner Volksbühne: Wie Frank Castorf ein deutsches Rührstück in den Weltraum schießt. In: *Die Zeit* 44 (25.10.1996), S. 60.
[236] Tiedemann: Ich bin fremd; a.a.O..
[237] Clausen. Café Abgrund; a.a.O..
[238] Tiedemann: Ich bin fremd; a.a.O..

bei den Rollentext des Kulturleiters sprechend. Obwohl der Originaltext nur noch in Bruchstücken gespielt wird, wird Castorf bescheinigt:

> „Im Bezug auf Zuckmayers Stück gibt die Inszenierung freilich nur dessen Skelett. Aber das Skelett hält zusammen, die Prunkstücke sind nicht unterschlagen, eigene Texteinschübe sind selten [...]. Doch zeigt sich im Ganzen ein Ernst, der den Vorwurf aufzehren kann, hier habe er eine böse Geschichte völlig verjuxt."[239]

In der Zeitschrift „Theater Heute" findet sich die einzige Kritik, die Castorfs Inszenierung für zukunftsweisend hält, auch wenn die Schwächen beim Namen genannt werden. Sie sieht in Zuckmayers „Des Teufels General" genug Potential, mit dem es sich auch in Zukunft auseinanderzusetzen lohnt.

> „Im Undeutlichen liegen die Schwächen dieser Inszenierung. Es bleiben Rätsel für die, die das Stück nicht schon kennen. Aber man spürt, was Zuckmayer doch für einen Text schrieb, wenn man so rüde und provokant mit ihm umgehen kann. Stücke wie diese kann man nicht liegen lassen. Castorfs Zugriff, dem derzeit kein anderes Wagnis gleicht, setzt darum auch einen Anfang."[240]

Zusammenfassend läßt sich feststellen, daß es nach wie vor Befürworter und Gegner von Zuckmayers „Des Teufels General" gibt. Es werden sowohl Stimmen laut, die sich gegen eine Aufführung aussprechen[241], als auch andere, die auch in der Zukunft Gründe dafür sehen, das Stück zu inszenieren. Obwohl Castorf sich daran versucht, das Bild des strahlenden Helden zu demontieren, steht auch bei ihm der General unangefochten im

---

[239] Rühle: Was sagen sie, Herr General?; a.a.O., S.13.
[240] Ebd., S.13.
[241] „Heute ist „Des Teufels General" ein Zeitstück von gestern, bieder, hoffnungslos veraltet, zu lang, zu redundant und wird aus gutem Grund nicht mehr gespielt." Brug, Manuel: Als wär's kein Stück von ihm; a.a.O..

Mittelpunkt der Inszenierung. So kommt es zu der erstaunlichen Parallele, daß an dieser Inszenierung ebenso die mangelnde Überzeugungskraft der übrigen Figuren kritisiert wird wie an früheren Inszenierungen. In den Kritiken der Nachkriegszeit ist von zu starker Typisierung und Karikierung der Figuren die Rede. Im Jahr 1996 werden die Harras umgebenden Charaktere mit „simplen Strichmännchen"[242] verglichen. Dabei war es Castorfs Ziel anhand des Geschlechtertausches „einen anderen epischen Schwung [...], eine brechtische Verfremdung"[243] zu erreichen. Vollkommen ist ihm dies nicht gelungen, wie die Aussagen der Kritiker zeigen. Schließlich wird ihm unter anderem vorgeworfen, der Faszination des Charakters erlegen zu sein (s.o.). Ein weiterer Kritikpunkt, der bereits fünfzig Jahre zuvor aktuell war, ist der, daß das Stück beziehungsweise die Inszenierung keine Antworten vermittle. Zuckmayer hatte dieser Forderung entgegengesetzt: „In diesem Stück konnte keine Lösung geschaffen werden. Es ist einfach unmöglich."[244]. Castorfs Inszenierung verweigert ebenfalls eine eindeutige Botschaft und entspricht damit der Aussage Zuckmayers. Allerdings begründet er dies auf eine andere Weise. Ihm geht es in erster Linie darum, mit seiner Theaterarbeit eine Reaktion auszulösen, eine Meinung, die pro oder contra ausfallen kann, zu evozieren. Er steht mit seiner Einstellung, nicht moralisch belehren zu wollen, sondern zu politischem Denken zu erziehen, in der Tradition Brechts. Auf diesen hatte er sich ja in seinem „Focus" Interview (s.o.) bezogen. Auch der Kritik fällt die Verwandtschaft der In-

---

[242] Bittner: Geölte Routine; a.a.O..
[243] Müry, Andres: Kein Stück von ihm. Volksbühnen Intendant Frank Castorf legt sich mit Carl Zuckmayers „Des Teufels General" an. In: *Focus* 42 (1996), S. 161.
[244] J.A.: Nochmals: Oderbruch. *Die Welt* (02.03.1948).

szenierung zu Brecht auf. Allein dessen „kritisches Potential reich[ ]e [...]über die Schwelle der 80er Jahre."[245]

„Und so behandelt Castorf Zuckmayer, als wär's ein Stück von ihm."[246]

Gegenüber dem Sender „3Sat" äußert Castorf sich im Rahmen eines Interviews über seine Vorstellung von Theater:

> „Ja, das ist ja auch irgendwie eine Absicht, daß man, wenn man etwas sagt, daß man natürlich auch den Widerspruch in Kauf nehmen muß. (...) [D]ie Haltung kann genausogut sein, daß jemand sagt, das ist nicht mein Geschmack, das ist nicht meine Ideologie, das ist nicht das, was ich vom Theater abgebildet haben möchte. Also, es ist O.K. wenn Leute gehen. Ich finde das angenehm in dieser Zeit – das Theater kann das eben noch machen, daß die Menschen wieder Mut dazu haben, eine Meinung zu formulieren. Und auch so ein Rausgehen wie ein Lachen, wie ein Bravo, wie eine Abneigung, das ist eine Haltung und wir sind ein bißchen haltungslos geworden, nicht selbstbewußt genug. Wir funktionieren zu gut und haben zu wenig Mut zu sagen: „Oh, Scheiße!"."[247]

Zuckmayer selbst argumentiert fünfundzwanzig Jahre früher gegenüber der Deutschen Welle ähnlich:

> „Es ist gut, wenn Stücke von verschiedenen Seiten ganz unterschiedlich beurteilt werden. Ein Stück ist nicht dazu da, daß die Leute wie in eine Abendschule gehen und mit einer bestimmten ganz festgelegten Weisheit wieder herauskommen... [...] Ein Stück ist dazu da, die Menschen zu beunruhigen. Ich meine, daß man

---

[245] Berger, Michael: Soldaten sind Schwätzer. *Die Woche* 44 (25.10.1996), S. 37.
[246] Ebd..
[247] Interview des Senders 3Sat mit Frank Castorf im Anschluß an eine Übertragung seiner Inszenierung „Des Teufels General". Quelle: Video des theaterwissenschaftlichen Institutes der Ruhr-Universität Bochum, Nr. T1379.

mit Geschehnissen konfrontiert wird, die einen hinterher zwingen, sich mit ihnen auseinanderzusetzen."[248]

Durch diese Äußerung wird Zuckmayer sicherlich nicht zu einem Verfechter epischer Dramen im Sinne Brechts, denn er teilt dessen sozialistischen Überzeugungen nicht. Er ist vielmehr ein Vertreter humanistischer Ideale, der sich von Ideologien distanziert. Zuckmayer sieht sich selbst deshalb aber nicht als unpolitischen Autor. Seiner Meinung nach werde zu oft politisch mit parteipolitisch verwechselt:

„Ich bin eben kein intellektueller Schriftsteller im herkömmlichen Sinne, sondern ich beschäftige mich mit der Natur mindestens so intensiv wie mit den Menschen. [...] Und trotzdem bin ich ein politischer Autor! Alle meine Stücke sind politisch [...]. [...] [I]ch glaube, daß es keinen Menschen gibt, der in seiner Zeit öffentlich wird, ohne eine politische Grundhaltung zu haben. Diese politische Grundhaltung ist bei mir liberal."[249]

Für Castorf als Regisseur mit ostdeutscher Sozialisation ist der Blickwinkel auf Zuckmayers Stück sicherlich durch brechtische Traditionen geprägt. Gleichzeitig jedoch stellt seine Inszenierung den Versuch dar, Prozesse der Vergangenheitsbewältigung beziehungsweise Verdrängung in den fünfziger und sechziger Jahren darzustellen. Im Jahr 1996 entsteht somit zum erstenmal eine Inszenierung von „Des Teufels General", welcher die Entwicklung beider deutscher Staaten als Folie dient.

---

[248] N.N.: Ich möchte nicht einen Tag missen. In: *Kölnische Rundschau am Sonntag* (31.12.1971).
[249] Reif, Adalbert: Ein Autor, der nicht zu verfremden ist. Gespräch mit Carl Zuckmayer von Adalbert Reif. In: *Deutsches Allgemeines Sonntagsblatt* 52 (26.12.1976), S 14.

VIII. Fazit

Die eingangs gestellte Frage, ob die Einschätzung, das Stück „Des Teufels General" sei ein „erfolgreiches Mitläufer-Drama, das den Deutschen zur Entsühnung diente"[250] angemessen ist, soll nun beantwortet werden. In meinen Augen enthält diese Einschätzung den Vorwurf, das Stück habe in der Nachkriegszeit als Katalysator gedient. Durch die Identifikation mit der Hauptfigur habe sich die eigene Schuld relativiert. Die Schlußfolgerung, wenn es sogar dem strahlenden Helden Harras nicht gelingt gegen das System anzukommen, hatten wir erst recht keine Möglichkeit etwas zu ändern, habe sich angeboten. So einfach darf man es sich jedoch nicht machen. Aus heutiger Sicht drängt sich eine Beurteilung dieser Art geradezu auf. Rückblickend stellen wir heute fest, daß erst die 68er Generation die Generation ihrer Eltern dazu zwang, sich mit der eigenen Vergangenheit auseinander zu setzten. Bis dahin wurde der Prozeß der Vergangenheitsbewältigung auf Eis gelegt und durch die Konzentration auf materielle Werte, den neuen Wohlstand der Wirtschaftswunderzeit, ein neues Selbstbewußtsein geschaffen. Die oben angeführte Einschätzung zielt auf diese Entwicklung ab. Auch Castorf setzt sich mit dieser Problematik auseinander. Er betont jedoch, daß er sich mit seiner Inszenierung auf den Käutner Film von 1955 bezieht. Im Gegensatz dazu muß sich eine faire Bewertung der Erfolgsstory des Stückes in der Nachkriegszeit auf die Jahre 1946-1949 beziehen. In meinen Augen ist der entscheidende Punkt, daß man zwischen dieser Zeit und den fünfziger Jahren differenzieren muß. Die Stimmung direkt nach Ende des zweiten Weltkrieges und die Bereitschaft zur

---

[250] Clausen: Café Abgrund auf dem Mond; a.a.O., S. 208/209.

Auseinandersetzung mit der eigenen Vergangenheit ist eine andere als diejenige, die mit der Gründung der zwei neuen deutschen Staaten einsetzt. Es darf nicht grundsätzlich davon ausgegangen werden, daß ‚die Deutschen' nicht zur Auseinandersetzung mit der Vergangenheit bereit gewesen wären. Die Bereitschaft ist jedoch rückläufig, da man sich größtenteils durch die Erziehungsmaßnahmen der Besatzungsmächte bevormundet fühlt. Die Umerziehungspolitik der Amerikaner ist nicht von Erfolg gekrönt.

Sie wird als „nach Gutdünken dosiertes Teelöffelchen Aufklärung"[251] kritisiert. Zuckmayer dagegen ist mit seinem Stück in der Lage, etwas zu bewirken. Die öffentliche Meinung zeigt dies. Während die Aufklärungsarbeit der Besatzer als Bevormundung empfunden wird, wird Zuckmayer als einer der ihren akzeptiert. Seine Einstellung, es dürfe nicht pauschal über das ganze Volk geurteilt werden und seine Ansicht er gehöre zu denen, die dadurch, daß sie die Machtergreifung nicht hätten verhindern können mitschuldig geworden seien, weckt Vertrauen in den Menschen. So entsteht eine Gesprächsbereitschaft, die in offenen und durchaus kritischen Fragen an Zuckmayer ein Ventil findet.

Die Annahme, der Erfolg des Stückes ließe sich auf die Erteilung einer Absolution für Mitläufer zurückführen, kann in meinen Augen nicht bestätigt werden. Die Bewertung der Inszenierungen durch die Kritiker zeigen ein anderes Bild. Immer wieder verurteilen sie Harras als einen Menschen, der sich moralisch falsch verhält, da er einem Regime seine Fähigkeiten zur Verfügung stellt, das er ablehnt. In ihren Augen wird so die besondere

---

[251] Dr. Jardon: Des Teufels General; a.a.O..

Schwere der Schuld betont, da Harras wider sein besseres Wissen und Gewissen handelt. Auch sein Freitod ändert nichts an dieser Schuld. Auch die Diskussionen zwischen Zuckmayer und dem Publikum unterstützen die These, daß bei aller Begeisterung genug Raum für eine kritische Auseinandersetzung bleibt. Die Zuschauer selbst verleihen ihren Befürchtungen Ausdruck, die Figur des Harras sei zu positiv dargestellt.

> „Ist es angebracht, heute diesen General Harras zu zeigen, der mit Ritterkreuz und prachtvoller Uniform sich gegen die Gestapo wehrt und als ein ‚ganzer' Kerl an Draufgängertum menschlich einnehmend wirkt?"[252]

Damit beweisen sie die nötige Reife und zeigen, daß sie mit einer Interpretation, die Harras Verhalten entschuldigt, nicht einverstanden wären. Generelle Kritik an der Kreation der Figur des Harras wird in erster Linie von den Menschen geäußert, die befürchten mit dieser strahlenden Figur werde dem Militarismus gehuldigt. Das Stück fordere dazu auf, eine Einteilung in ‚gute' Wehrmacht und ‚böse' SS vorzunehmen.

Dies führt direkt zum nächsten Kritikpunkt. Von den meisten Kritikern und Zuschauern wird Harras als ein Beispiel von vielen gesehen; ein Schicksal, das für viele stehen kann. Auch wenn Zuckmayer immer wieder betont, er habe nur das Schicksal dieser einen Person im Sinn gehabt und erhebe keinen Anspruch auf Allgemeingültigkeit, kann er sich mit dieser Ansicht nicht durchsetzen. Die Erwartungshaltung der Theaterbesucher ist nicht so leicht zu umgehen. Und erwartet wird eben eine Beispiel gebende Hauptfigur, deren Schicksal auf eine allgemeingültige Wahrheit hinweist. Die Problematik des Stückes liegt in meinen Augen darin, daß bei den Theaterbesuchern ein großer

---

[252] Th.H.: Diskussion mit Zuckmayer; a.a.O..

Klärungsbedarf entsteht, der ohne die anschließenden Diskussionen nicht gelöst werden kann. Dies liegt auch an der Kreation der Figur Oderbruch, die in keiner Inszenierung wirklich überzeugt. Da sie jedoch entscheidenden Einfluß auf Harras' Handeln nimmt, überzeugt auch dessen Schlußfolgerung, den Absturz herauszufordern, die wenigsten. Zuckmayer selbst muß zugeben, daß diese Figur ihm nicht geglückt ist.

Insgesamt gesehen geht in meinen Augen eine positive Wirkung von der öffentlichen Debatte um „Des Teufels General" in der Nachkriegszeit aus. Die Tatsache, daß eine Debatte stattfindet, ist von entscheidender Bedeutung. Das Stück beziehungsweise die Inszenierungen sind der Auslöser für die öffentliche Auseinandersetzung mit der persönlichen Verantwortung des Einzelnen an den Verbrechen, die im Namen des gesamten Volkes begangen wurden. Die Tendenz, der damaligen Bevölkerung vorzuwerfen, sie habe jede Form der Vergangenheitsbewältigung abgelehnt, muß damit als historisch inkorrekt gewertet werden. Auf der anderen Seite können jedoch die Ergebnisse der Analyse nicht für die gesamte Bevölkerung geltend gemacht werden. Sie stehen nur für den Teil des Volkes, der sich aktiv an der Debatte beteiligte und in den Berichten über die Auseinandersetzung auftaucht. Die Zeitungsberichte zeigen, daß die Auseinandersetzung mit der eigenen Vergangenheit nicht gescheut wurde. Sie kann jedoch nicht den nötigen Prozeß der Vergangenheitsbewältigung im gesamten Volk ersetzen. Es stellt sich in diesem Zusammenhang die Frage, was Theater eigentlich zu leisten vermag. Die Inszenierungen und die Diskussionen mit den Theaterschaffenden haben zweifelsfrei Einfluß genommen. Meiner Ansicht nach sollte sich die Frage, ob sich dieser Einfluß denn auch auf den Hauptteil der Bevölkerung ausgewirkt habe, nicht stellen. Daß ein Theaterbesuch aus überzeugten Nazis Demokraten macht, ist zuviel verlangt. Wahrscheinlicher ist, daß bei den Zuschauern eine Wirkung erzielt wurde, die bereits mit einer offenen Einstellung in das Theater und die anschließende Diskussion gingen. Für die jugendlichen Zuschauer scheint die Auseinandersetzung mit der Vergangenheit besonders schmerzhaft. Aus ihren Äußerungen geht hervor, daß für sie nach der Abwendung von den bisherigen Überzeugungen ein Vakuum entstanden ist, das erst wieder mit neuen Werten gefüllt werden muß. Obwohl die Beobachter die geistige Lage der Jugend durchweg positiv bewerten, stellen sie eine gewisse Hilflosigkeit fest. Ein Demokratiebewußtsein muß sich erst noch entwickeln, da diese jungen Menschen noch nie am eigenen Leib erfahren haben, wie es ist, in einem demokratischen Staat zu leben.

Frank Castorf hat mit seiner Inszenierung bewiesen, daß Zuckmayers Stück auch heute noch eine ausreichende Reibungsfläche bieten kann. Dies spiegeln die Kritiken wider. Die Diskussion um „Des Teufels General" wird im Jahr 1996 gegenüber den Jahren 1947/48 um eine bedeutende Komponente ergänzt. Es geht nun neben der Auseinandersetzung mit der deutschen Vergangenheit auch um eine Auseinandersetzung mit dem Prozeß der Vergangenheitsbewältigung selbst. Castorf zeigt mit seiner Inszenierung, daß dieser Prozeß kritisch hinterfragt werden kann, ohne ein pauschales Urteil über das Verhalten der Menschen zu fällen, die zur Zeit des Hitlerregimes in Deutschland lebten.

Literaturverzeichnis

A.G.: ‚Des Teufels General' in Deutschland. Neues Winterthurer Tageblatt (24.12.1947). In: Glauert, Barbara (Hrsg.): *Carl Zuckmayer. Das Bühnenwerk im Spiegel der Kritik*. Frankfurt a. M. 1977, S. 234f..

Ayck, Thomas: Carl Zuckmayer. Reinbeck bei Hamburg 1977.

Balinkin, Ausma : The Central WOMEN Figures in Carl Zuckmayers Dramas. Bern 1978 (Vol. 235, European University Studies: Series I, German Language and Literature).

Becker, Jochen: Carl Zuckmayer und seine Heimaten. Ein biographischer Essay. Mainz 1984.

Becker Jochen: Zuckmayer im Exil. In: Keim, Anton Maria (Hrsg.): *Exil und Rückkehr. Emigration und Heimkehr. Ludwig Berger, Rudolf Frank, Anna Seghers und Carl Zuckmayer*. Mainz 1986, S. 137-156.

Belzner, Emil: Carl Zuckmayer: ‚Des Teufels General'. Erstaufführung der

| | Städtischen Bühnen Frankfurt am Main unter Heinz Hilpert. Rhein Neckar Zeitung, Heidelberg (29. November 1947). In: Glauert, Barbara (Hrsg.): Carl Zuckmayer. *Das Bühnenwerk im Spiegel der Kritik*. Frankfurt a. M. 1977, S. 221-224. |

Beutel, Gottfried: Carl Zuckmayer: ‚Des Teufels General'. Die Weltbühne H. 1\2 (1948). In: Glauert, Barbara (Hrsg.): Carl Zuckmayer. *Das Bühnenwerk im Spiegel der Kritik*. Frankfurt a. M. 1977, S. 242-246.

Carl-Zuckmayer-Gesellschaft (Hrsg.): „Der Mensch ist das Maß". Mainz 1977 (=Heft 1, Blätter der Carl-Zuckmayer-Gesellschaft).

Carl-Zuckmayer-Gesellschaft (Hrsg.): „Des Teufels General – noch aktuell?". Mainz 1978 (=Heft 1-4, Blätter der Carl-Zuckmayer-Gesellschaft).

Carl-Zuckmayer-Gesellschaft (Hrsg.): Zuck und sein Verleger. Erinnerungen von Brigitte B. Fischer. Zuckmayer auf der Bühne. Schauspiel – Musical. Mainz *1979*

	(= Heft 3, Blätter der Carl-Zuckmayer-Gesellschaft).
Carl-Zuckmayer-Gesellschaft (Hrsg.):	„No Return". Carl Zuckmayers Exil. Aspekte einer neuen Biographie des deutschen Erfolgsdramatikers. Ein dokumentarischer Essay von Richard Albrecht. Mainz 1995 (= Heft 1\2, Blätter der Carl-Zuckmayer-Gesellschaft).
Carl-Zuckmayer-Gesellschaft (Hrsg.):	Der alte Zuck, der lebte in wendischen Zeiten. Ein Salut zu seinem hundersten Geburtstag. Mainz 1996 (= Heft 1\2, Blätter der Carl-Zuckmayer-Gesellschaft).
Carl-Zuckmayer-Gesellschaft (Hrsg.):	Facetten der internationalen Carl-Zuckmayer-Forschung. Beiträge zu Leben – Werk – Praxis. Mainz 1997 (= Jahresheft, Blätter der Carl-Zuckmayer-Gesellschaft).
Glaser, Hermann:	Kleine Kulturgeschichte der Bundesrepublik Deutschland 1945-1989. Bonn 1991.

Glauert, Barbara (Hrsg.):	Carl Zuckmayer. Das Bühnenwerk im Spiegel der Kritik. Frankfurt a. M. 1977.
Granger, William:	Partnership in the German Theatre. Zuckmayer and Hilpert, 1925-1961. New York 1991.
Heiskanen, Christine/Piltti:	Die Sterne sind geblieben. Porträt einer Freundschaft mit Alice und Carl Zuckmayer. Zürich 1980.
Herdan-Zuckmayer, Alice:	Die Farm in den grünen Bergen. Wien 1968 (illustrierte Neuausgabe, umgearbeitetes und erweitetes Schlußkapitel).
Hilpert, Heinz:	Einige Gedanken zu Zuckmayers >Des Teufels General<. In: Glauert, Barbara (Hrsg.): *Carl Zuckmayer. Das Bühnenwerk im Spiegel der Kritik.* Frankfurt a. M. 1977, S. 237f..
Keim, Anton Maria (Hrsg.):	Exil und Rückkehr. Emigration und Heimkehr. Ludwig Berger, Rudolf Frank, Anna Seghers und Carl Zuckmayer. Mainz 1986
Kieser, Harro (Hrsg.):	Carl Zuckmayer. Materialien zu Leben und Werk. Frankfurt a.M. 1986.

Kleßmann, Christoph: Die doppelte Staatsgründung. Deutsche Geschichte 1945-1955. Bonn 1991.

Landeshauptstadt Mainz/ Landesregierung Rheinland-Pfalz (Hrsg.): Abschied von Carl Zuckmayer. Ehrung, Dank und Freundschaft. Eine Dokumentation. Mainz 1978.

M.G.: ‚Des Teufels General'. Ein Drama von Carl Zuckmayer. Erstaufführung an den Frankfurter Städtischen Bühnen. Süddeutsche Allgemeine Nachrichten (03.12.1947). In: Glauert, Barbara (Hrsg.): Carl Zuckmayer. *Das Bühnenwerk im Spiegel der Kritik*. Frankfurt a. M. 1977, S. 229-234.

Nickel, Gunther/ Rotermund, Erwin (Hrsg.): Zuckmayer Jahrbuch. Mainz 1998 (= Bd. 1).

Niefanger, Dirk: „Die Dramatisierung der ‚Stunde Null'. Die frühen Nachkriegsstücke von Borchert, Weisenborn und Zuckmayer". In: Erhart, Walter/Niefanger,Dirk (Hrsg.): *Zwei Wendezeiten. Blicke auf die*

	deutsche Literatur 1945 und 1989. Tübingen 1997, S. 47-70.
Ott, Ulrich/ Pfäfflin, Friedrich (Hrsg.):	Carl Zuckmayer 1896-1977. ‚Ich wollte nur Theater machen'. Marbach am Neckar 1996 (Marbacher Katalog 49).
P.B.:	Eine bedeutsame Uraufführung. >Des Teufels General< von Carl Zuckmayer. Sie & Er (10.01.1947). In: Glauert, Barbara (Hrsg.): Carl Zuckmayer. Das Bühnenwerk im Spiegel der Kritik. Frankfurt a. M. 1977, S. 215-219.
Rilla, Paul:	Zuckmayer und die Uniform. In: Glauert, Barbara (Hrsg.): Carl Zuckmayer. Das Bühnenwerk im Spiegel der Kritik. Frankfurt a. M. 1977, S. 255-269.
Schwarz, Margot:	‚Des Teufels General' von C. Zuckmayer im Schauspielhaus Zürich. Basler Nachrichten (Abendblatt) (21.01.1947). In: Glauert, Barbara (Hrsg.): Carl Zuckmayer. Das Bühnenwerk im Spiegel der Kritik. Frankfurt a. M. 1977, S. 219-221.

Steinle, Jürgen:	Nationales Selbstverständnis nach dem Nationalsozialismus. Die Kriegsschuld-Debatte in West-Deutschland. Bochum 1995.
Strasser, Christian:	Carl Zuckmayer. Deutsche Künstler im Salzburger Exil 1933-1938. Wien 1996.
Wagner, Hans:	Carl Zuckmayer. München 1983.
Weber, Paul Friedrich:	In Anwesenheit des Dichters Carl Zuckmayers ‚Des Teufels General'. Premiere des Städtischen Schauspiels Frankfurt – Heinz Hilperts erste größere Inszenierung. Frankfurter Neue Presse (November 1947). In: Glauert, Barbara (Hrsg.): *Carl Zuckmayer. Das Bühnenwerk im Spiegel der Kritik.* Frankfurt a. M. 1977, S. 225-229.
Zuckmayer, Carl:	Als wär's ein Stück von mir. Horen der Freundschaft. Frankfurt a. M. 1994 (1969)
Zuckmayer, Carl:	Die langen Wege. Ein Stück Rechenschaft. Frankfurt a. M. 1952.
Zuckmayer, Carl:	Aufruf zum Leben. Porträts und Zeugnisse aus bewegten Zeiten. Frankfurt a. M. 1976.

Zuckmayer, Carl: Des Teufels General. Theaterstücke 1947-1949. Frankfurt a. M. 1996.

Zeitungsartikel (alphabetisch)

aber: Nach zwanzig Jahren. „Des Teufels General" in Düsseldorf. In: *Frankfurter Allgemeine Zeitung* 6 (07.01.1967).

Andreotti, M.: Zuckmayers Alibi für Generale. In: *Tatsachen* 7 (18.02.1967), S. 9.

Auffermann, Verena: Der Verdränger. Schulte-Michels inszeniert „Des Teufels General" in Frankfurt. In: *Süddeutsche Zeitung* 140 (21./22.06.1997), S. 14.

Barcas, H.: Die Hartmänner diskutieren. Neue Stimmen junger Theaterbesucher zu „Des Teufels General". In: *Westfälische Rundschau* 36 (08.05.1948).

Beckelmann, Jürgen: Kabarett mit einem Kriegshelden. In: *Stuttgarter Zeitung* 243 (19.10.1996), S. 38.

Beer, Otto F.: Das Phänomen Zuckmayer. Gibt es Anzeichen der Gesundung in unserer Zeit? In: *Der Standpunkt* (02.06.1950).

Berger, Michael: Soldaten sind Schwätzer. In: *Die Woche* 44 (25.10.1996), S. 37.

Bittner, Helga:	Frank Castorf knöpft sich diesmal „Des Teufels General" vor. Geölte Routine beim Zerstören der Mythen. In: *Westfälische Rundschau* 247 (19.10.1996).
B.K.:	Zuckmayers Retraite. In: *Christ und Welt* 13 (29.03.1963).
Bob.:	Die Jugend, Harras und Oderbruch. Diskussion in Steglitz um Zuckmayers „Des Teufels General". In: *Neue Zeit* (31.07.1948).
Borne, Gerhard von dem:	Carl Zuckmayer – Eine mutige Bewältigung deutscher Vergangenheit. In: *Die Kommenden* 21 (20.11.1968), S. 17-20.
Braun, Hanns:	Glosse zu „Des Teufels General". In: *Hochland* 5 (1948), S. 499.
Brug, Manuel:	Als wär's kein Stück von ihm. In: *Der Tagesspiegel* (19.10.1996) S. 21.
Buttler, A.:	Ein Emigrant plädiert für die Daheimgebliebenen. Gedanken zu Zuckmayers Drama „Des Teufels General". In: *Sie* 47 (23.11.1947), S. 5.

Chorherr, Thomas: Carl Zuckmayer und die „Aufarbeitung": Wann wird die Welt endlich klüger? Was ich davon halte. In: *Die Presse* 14658 (04.01.1997), S.3.

chr.: Theaterbrief aus Hamburg. Carl Zuckmayer: Des Teufels General. In: *Nouvelle de France* (26.11.1947).

Clausen, Christine: Cafe Abgrund auf dem Mond. Frank Castorf inszeniert „Des Teufels General" – Carl Zuckmayers erfolgreiches Mitläufer-Drama, das den Nachkriegsdeutschen zur Entsühnung diente. In: *Stern Magazin* 43 (1996), S. 208/209.

Daiber, Hans: Der zweite Start. Zuckmayers Teufelsgeneral in Düsseldorf. In: *Handelsblatt* 247 (27.12.1966).

Dena: Carl Zuckmayer wird diskutieren. In: *Frankfurter Rundschau* (27.12.1947).

Dermutz, Klaus: Allemal animalisch. Frank Castorfs Sicht auf „Des Teufels General". In: *Frankfurter Rundschau* 244 (19.10.1996), S. 7.

Diehl, Siegfried:	Hunde, wollt ihr ewig fliegen? Ekel Harras im Bewältigungslooping: Thomas Schulte-Michels inszeniert „Des Teufels General" im Schauspiel Frankfurt. In: *Frankfurter Allgemeine Zeitung* 128 (06.06.1997).
Dr. Ho.:	In den Kammerspielen: Carl Zuckmayer: „Des Teufels General". In: *Münchener Merkur* (27.02.1948).
Dr. Ho.:	Diskussion mit Zuckmayer. In: *Münchener Merkur* 18 (01.03.1948), S. 3.
Dr. Jardon:	Des Teufels General. Erstaufführung der Städtischen Bühnen Köln. In: *Rheinische Zeitung* (14.01.1948).
DS.:	Zuckmayer und die Jungend. In: *Neuer Westfälischer Kurier* (19.03.1948).
er.:	Claudius und Coventy. Dortmund: "Des Teufels General". In: *Kieler Nachrichten* 100 (16.12.1947).
Faber, Dr. G.:	Erstaufführung in Freiburg. „Des Teufels General". In: *Das neue Baden* (25.05.1948).

F.A.Z.:	Zuckmayers Begründung. Vorerst kein „Teufels General". In: *Frankfurter Allgemeine Zeitung* 67 (20.03.1963).
Fradkin, I.:	Carl Zuckmayer über sechs Jahrzehnte. In: *Kunst und Literatur* 12 (1980), S. 1310-1325.
Freisburger:	Der innere Abstand. In: *Die Welt* (13.01.1948).
Fuld, Werner:	Als wär's ein Stück von ihm.... Drastischer Witz und vitaler Realismus – Wie kaum ein anderer trat Carl Zuckmayer gegen Untertanengeist und Spießbürgertum an. In: *Focus* 52 (1996), S. 132-133.
Grus, Michael:	Partylöwe ohne Krallen. Carl Zuckmayers „Des Teufels General" inszeniert am Frankfurter Schauspiel. In: *Frankfurter Rundschau* 128 (06.06.1997), S. 7.
Hausmann, Dr. Manfred:	Bremer Künstlertheater (Schwachhausen). Des Teufels General von Carl Zuckmayer. In: *Weser Kurier* (16.09.1948).
Henrichs, Benjamin:	Der Teufel und der liebe Zuck. Premiere an der Berliner Volks-

	bühne: Wie Frank Castorf ein deutsches Rührstück in den Weltraum schießt. In: *Die Zeit* 44 (25.10.1996), S. 60.
Hepp, Fred:	Diskussion mit Zuckmayer. In: *Rheinischer Merkur* 11 (13.03.1948).
Hepp, Fred:	Die Spielzeit hat begonnen: Des Teufels General / in der Komödie. In: *Schwäbische Landeszeitung* (04.10.1948).
HHK:	Zuckmayers „General" in Ulm. In: *Münchener Merkur* 36 (03.05.1948), S. 2.
Hildebrandt, Dieter:	„Des Teufels General" nach zwanzig Jahren. Hilpert inszeniert Zuckmayer am Schillertheater Berlin. In: *Frankfurter Allgemeine Zeitung* 21 (25.01.1967), S. 10.
Hollmann, Reimar:	Das Recht ist Freiheit. Zuckmayers Drama „Des Teufels General" im Städtischen Schauspiel Hannover. In: *Hannoversche Neueste Nachrichten* (27.01.1948).
Ignee, Wolfgang:	Authentisch sterben nach dem letzten Akt. Am Stuttgarter Staatsschauspiel: „Des Teufels

	General" von Zuckmayer, inszeniert von Esser. In: *Stuttgarter Zeitung* 134 (12.06.1984), S. 14.
Ihering, Herbert:	Viel Theater – ohne Überschrift. In: *Die Andere Zeitung* 5 (02.02.1967).
J.A.:	Dolchstoß durch Oderbruch? Carl Zuckmayer zur Diskussion über „Des Teufels General". In: *Die Welt* 25 (28.02.1948).
J.A.:	Nochmals: Oderbruch. In: *Die Welt* (02.03.1948).
J.A.:	Diskussion der Weltjugend. Zuckmayer: „Wir müssen nach vorn sehen!" In: *Die Welt* (15.06.1948).
Kaiser, Ch.:	Des Teufels Generalin. In: Ruhr-Nachrichten 246 (19.10.1996).
Kaiser, Joachim:	Muß Harras heute schweigen? Zu Zuckmayers Aufführungsverbot seines Schauspiels „Des Teufels General". In: *Süddeutsche Zeitung* 68 (20.03.1963), S. 8.
Kaiser, Joachim:	Märchenhaftes Wiedersehen mit General Harras. Hans Joachim Kulenkampf als „Des Teufels General" im Münchener Deutschen

	Theater. In: *Süddeutsche Zeitung* 285 (10.12.1973).
Kantorowicz, Alfred:	Carl Zuckmayer und die deutsche Emigration. eine Reise ohne Wiederkehr. Dennoch: Heimgekehrt, ohne heimgerufen worden zu sein. In: *Deutsches Allgemeines Sonntagsblatt* 5 (30.01.1977).
Karsch, Walter:	„Des Teufels General" im Schloßpark-Theater Steglitz. In: *Tagesspiegel* (06.07.1948).
Karsch, Walter:	Wiedersehen mit General Harras. Heinz Hilpert inszenierte Carl Zuckmayers „Des Teufels General" im Schiller Theater. In: *Der Tagesspiegel* (24.01.1967).
Kießler, Bernd-Wilfried:	Stuttgart: Des Teufels General mit geändertem Schluß. Schwarzweiß mit Grautönen. In: *Deutsches Allgemeines Sonntagsblatt* 260 (24.06.1984), S. 21.
Kirn, Richard:	Diskussion um „Des Teufels General". In: *Sonntag* (14.12.1947).
Kl.:	Diskussionen über „Des Teufels General". In: *Weser Kurier* (19.12.1948).

Klippel, Herrmann:	Carl Zuckmayer zu Ehren. Jahresausstellung des Deutschen Literaturarchivs Marbach. In: *Börsenblatt für den Deutschen Buchhandel* 77 (1996), S. A 391-394.
Königsberger, Otto:	Düsseldorf: Teufels General. In: *Ruhr-Nachrichten* 294 (20.12.1966).
Köpke, Horst:	Zuckmayer – allzu genau. Dietrich Taubes Einstand in Mainz: „Des Teufels General". In: *Frankfurter Rundschau* 211 (23.09.1978).
Köpke, Horst:	Zuckmayer vom Blatt wie Anno 48. In: *Frankfurter Rundschau* 228 (01.10.1991), S. 11.
Kohse, Petra:	Grüßt mir den Mond. In: *Die Tageszeitung* 5056 (19./20.10.1996), S. 14.
Lenning, Walter:	Der allzu sympathische General. Carl-Zuckmayer-Premiere im Steglitzer Schloßparktheater. In: *Berliner Zeitung* (16.07.1948).
Lenning, Walter:	Sympathien für Generale?/ Zuckmayers „Des Teufels General". In: *Sonntag* (18.07.1948).

Lenning, Walter:	Zuckmayers läßlicher Irrtum. Das Wiedersehen mit „Des Teufels General" mußte enttäuschen. In: *Sonntagsblatt* 6 (05.02.1967).
Leonhardt, Rudolf Walter:	Der neue Harras. „Des Teufels General" in Berlin: Nachträgliches Geburtstagsgeschenk Hilperts und des Schiller-Theaters an Carl Zuckmayer. In: *Die Zeit* 4 (27.01.1967), S. 16.
Lissner, Erich:	„Des Teufels General" Zuckmayers Drama, von Käutner inszeniert für Frankfurts Schauspiel. In: *Frankfurter Rundschau* 64 (16.03.1967).
Luft, Friedrich:	Gloriole für den Mitläufer. Im Berliner Schillertheater: Zuckmayers „Des Teufels General". In: *Die Welt* 20 (24.01.1967).
Müry, Andres:	Kein Stück von ihm. Volksbühnen Intendant Frank Castorf legt sich mit Carl Zuckmayers „Des Teufels General" an. In: *Focus* 42 (1996), S.160f.
Nickel, Gunther:	Wer liest Zuckmayer? Zum 100. Geburtstag eines Erfolgsautors. In: *Literatur und Kritik* 309/310 (1996), S. 73-78.

Niehoff, Karena:	Noch einmal „Des Teufels General". In: *Süddeutsche Zeitung* 22 (26.01.1967).
Pauck, Heinz:	„Des Teufels General". Deutsche Erstaufführung in Hamburg. In: *Neue Zeitung* (21.11.1947).
Paul, Wolfgang:	Und wieder: Des Teufels General. In: *Echo der Zeit* 7 (12.02.1967).
Petersen, Jürgen:	Die Tragödie Ernst Udets. In: *Kurier* (17.11.1947).
petz:	Des Teufels General. Das umstrittene Zuckmayer-Stück im alten Schauspielhaus. In: *Stuttgarter Zeitung* 133 (09.06.1984).
Pinetzki, Katrin:	Das Nichtstun ist so übel wie die böse Tat. Zuckmayer-Drama „Des Teufels General" beim WLT. In: *Westfälische Rundschau* 214 (14.09.1999).
Podak, Klaus:	Lebt: aus Trotz! Lebt: aus Wut! ein unzeitgemäßer ist zu feiern – zum 100. Geburtstag Carl Zuckmayers. In: *Süddeutsche Zeitung* am Wochenende 299 (28./29.12.1996).

Pollatschek, Dr. Walther:	Des Teufels General. Frankfurter Erstaufführung in Anwesenheit des Dichters. In: *Frankfurter Zeitung* (27.11.1947).
Reding, Josef:	Demokratie im Reisegepäck. In: *Westfälische Rundschau* 18 (22.01.1977).
Reif, Adalbert:	Ein Autor, der nicht zu verfremden ist. Gespräch mit Carl Zuckmayer. In: *Deutsches Allgemeines Sonntagsblatt* 52 (26.12.1976), S. 14.
Ringelband, Wilhelm:	Opas Theater ist noch nicht tot. Ein Gespräch mit Carl Zuckmayer. „Des Teufels General" ist wieder frei. In: *Ruhr-Nachrichten* (03.03.1965).
Ringelband, Wilhelm:	Zuckmayers Pläne. „Des Teufels General" darf wieder aufgeführt werden – „Ich werde auch die Mode der Irrenhausstücke überstehen!". In: *Aachener Nachrichten* 64 (18.03.1965), S. 4.
Ritzmann, Kai:	Probleme! Probleme! Frank Castorf inszeniert „Des Teufels General" in Berlin. In: *General-Anzeiger* 32469 (06.11.1996), S. 19.

Rücke, Karl Heinz:	Des Teufels General. Deutsche Erstaufführung im Hamburger Schauspielhaus. In: *Echo der Woche* 22 (22.11.1947).
Rühle, Günther:	Was sagen sie, Herr General? In: *Theater Heute* 11 (1996), S. 12-14.
Ruppert, Martin:	Carl Zuckmayers Kreuzweg hat viele Stationen... Zu ersten Versuchen einer kritischen Retrospektive. In: *Allgemeine Zeitung Mainz* (30.07.1977).
S., Dana:	Die Vitalität Berlins. In: *Hessische Nachrichten* (10.12.1946).
Saile, Olaf:	Bei Zuckmayer in Frankfurt. Beifall und Diskussionen um „Des Teufels General". In: *Stuttgarter Nachrichten* (29.11.1947).
Scheffel-Matthes, Meike:	Der gewisse Luftikus. Des Teufels General. Frank Castorfs Berliner Polit-Porno frei nach Carl Zuckmayer. In: *Rheinischer Merkur* 43 (25.10.1996), S. 20.
Schirrmacher, Wolf:	Zuckmayers Udet-Drama. In: *Der Ruf* 32 (15.11.1947).

Schreiber, Susanne:	Des Teufels General in Berlin. Der Haudegen in Netzstrümpfen. In: *Handelsblatt* 207 (25./26.10.1996), S. G6.
Schwedler, Wilfried:	Carl Zuckmayer wurde vor 100 Jahren geboren. Kraftbursche mit Seele. In: *Ruhr-Nachrichten* 303 (27.12.1996).
St.:	Naturalistische Darstellungsweise. Über die Münchener Aufführung von „Des Teufels General". In: *Echo der Woche* (06.03.1948).
Stadelmaier, Gerhard:	Papiertiger der Lüfte. Faß, Harras!: Frank Castorf ergibt sich an der Berliner Volksbühne Zuckmayers „General". In: *Frankfurter Allgemeine Zeitung* 244 (19.10.1996), S. 31.
Staiger, Emil:	Carl Zuckmayer. Eine Rede von Emil Staiger. In: *Neue Züricher Zeitung* 25 (16.01.1972), S. 49f..
Sucher, C. Bernd:	Au, Scheiße! Castorf inszeniert Zuckmayers „Des Teufels General" in Berlin. In: *Süddeutsche Zeitung* 242 (19./20.10.1996), S. 18.

Tamms, Werner:	Es bleibt ein großer Wurf. „Des Teufels General", neu in Düsseldorf. In: *Westfälische Allgemeine Zeitung* 293 (19.12.1966).
Th.H.:	Diskussion mit Zuckmayer. In: *Frankfurter Neue Presse* (01.12.1947).
Tiedemann, Kathrin:	Ich bin fremd in dieser Gesellschaft, weil sie keinen pädagogischen oder utopischen Auftrag hat. In: *Freitag* 44 (25.10.1996), S. 11.
Unicorn.:	Zuckmayer der fröhliche Wanderer. In: *Der Spiegel* 37 (07.09.1955), S. 38-46.
U.S.-E.:	„Des Teufels General" in Frankfurt. In: *Süddeutsche Zeitung* (09.12.1947).
Vietta, Egon:	Carl Zuckmayer: „Des Teufels General". In: *Das goldene Tor* 3\4 (1947), S. 355f..
Wagner, Anja M.:	General ohne Leidenschaft. In: *Ruhr-Nachrichten* 214 (14.09.1999).

Wagner, Karlheinz:	Des Dichters General. Was Carl Zuckmayer mit Ernst Udet verband und wie daraus ein Theaterstück wurde. In: *Frankfurter Allgemeine Zeitung* 292 (14.12.1996).
Wengierek, Reinhard:	Berliner Volksbühne. Castorf verhunzt Zuckmayer. In: *Bayern Kurier* 43 (26.10.1996), S. 17.
Wenzel, Walter:	Gedanken über den sechzigjährigen Zuckmayer. In: *Geist und Zeit* 1 (1957), S. 97-106.
Werner, Bruno E.:	Hilpert inszenierte. Zur Frankfurter Aufführung des neuen Zuckmayer. In: *Die Main Zeitung* 96 (01.12.1947), S. 4.
Wimmers, R.:	Zuckmayers großes Stück um eine große Schuld. Auch das Bonner Schauspiel kreierte „Des Teufels General". In: *Rheinische Zeitung* 93 (13.10.1948), S. 6.
Wohlgemuth, Johann:	Vorhang zu und schnell vergessen. „Des Teufels General" von Carl Zuckmayer in Düsseldorf unbefriedigend. In: *Westfälische Rundschau* 293 (19.12.1966).

WT:	Schriftsteller von heute (VI): Carl Zuckmayer. In: *Westdeutsche Allgemeine Zeitung* (18.03.1955).
Zuckmayer, Carl:	Carl Zuckmayers Gedächtnisrede für Carl[o] Mierendorff. Gehalten am 12. März 1944 in New York. In: *Die Wandlung* 12 (1945/46), S. 1089-1105.
Zuckmayer, Carl:	Amerika ist anders. In: *Die Neue Zeitung* 15 (05.02.1949), S. 9.
Zuckmayer, Carl:	Germania est omnis divisa. In: *Nobis, Mainzer Studenten Zeitung* 102 (1961), S. 5. (Abdruck eines Artikels aus dem Jahr 1948 zum 65. Geburtstag Zuckmayers)
Zuckmayer, Carl:	„Des Teufels General". Eine Erklärung. In: *Neue Züricher Zeitung* 81 (23.03.1963).
Zuckmayer, Carl:	Für ein politisches Theater. In: *Das Freie Wort* 68 (28.08.1963).
Zuckmayer, Carl:	Macht alle Kreatur von Leiden frei. Verneigung vor dem Theater der Provinz. In: *Die Welt* 300 (24.12.1964).

Zuckmayer, Carl: Aufruf zum Leben in einer Zeit des Sterbens. In: *Göttinger Tageblatt* (22.01.1977).

N.N. Artikel:

N.N.: „Des Teufels General". Deutsche Erstaufführung im Hamburger Schauspielhaus. In: *Hamburger Allgemeine* (11.11.1947).

N.N.: Kleine Liebe zu Zuckmayer. In: *Rheinische Zeitung* (14.12.1946).

N.N.: Des Teufels General. In: Deutsche Rundschau 3 (1947).

N.N.: In den Kammerspielen: „Des Teufels General" nun auch in München. In: *Süddeutsche Zeitung* (24.03.1948).

N.N.: 40.000 bei „Des Teufels General". In: *Neuer Westfälischer Kurier* (04.06.1948).

N.N.: Der Anti-Teufelsgeneral. In: *Der Spiegel* 27 (03.07.1957), S. 47.

N.N.: Zuckmayer gegen Wiederaufführung von „Des Teufels General". In: *Westdeutsches Tageblatt* 68 (21.03.1963).

N.N.: Zuckmayer wollte Film über den Widerstand drehen. Auch der Autor des „Hauptmann von Köpenick" nahm zu der Welt am Sonntag-Serie von David Irving Stellung. Wie kann man Schuld darstellen? In: *Welt am Sonntag* 48 (28.11.1971), S. 22.

N.N.: Ich möchte nicht einen Tag missen. In: *Kölnische Rundschau am Sonntag* (31.12.1971).

N.N.: Carl Zuckmayer. In: *Der Spiegel* 5 (24.01.1977).

N.N.: „Des Teufels General". In: *Westfalenspiegel* 2 (Februar 1982), S. 42.

www.ingramcontent.com/pod-product-compliance
Lightning Source LLC
Chambersburg PA
CBHW020128010526
44115CB00008B/1031